W0039664

Günter Hannich

Die kommende Euro-Katastrophe

Günter Hannich

DIE KOMMENDE
EURO
KATASTROPHE

Ein Finanzsystem vor dem Bankrott?

FinanzBuch Verlag

Bibliografische Information der Deutschen Nationalbibliothek
Die Deutsche Nationalbibliothek verzeichnet diese Publikation in der Deutschen Nationalbibliografie;
detaillierte bibliografische Daten sind im Internet über **http://d-nb.de** abrufbar.

Lektorat: Nicole Luzar
Korrektorat: Moritz Malsch, BUCH CONCEPT, Berlin
Layout und Satz: Jürgen Echter, Landsberg am Lech
Druck: CPI – Ebner & Spiegel, Ulm

Günter Hannich • Die kommende Euro-Katastrophe
3., unveränderte Auflage 2010
© 2009 FinanzBuch Verlag GmbH
Nymphenburger Straße 86
80636 München
Tel.: 089 65 12 85 - 0
Fax 089 65 20 96

Für Fragen und Anregungen:
hannich@finanzbuchverlag.de

ISBN 978-3-89879-509-8

Weitere Infos zum Thema

www.finanzbuchverlag.de
Gerne übersenden wir Ihnen unser aktuelles Verlagsprogramm

INHALT

Vorwort

»Die Selbstvernichtung des Kapitalismus wird mit der Zerstörung seiner Währungen beginnen«

Lenin

Vor über zehn Jahren wurde der Euro eingeführt. Nach Umfragen waren damals 90 Prozent der Bevölkerung dagegen. Doch das Volk wurde (wieder einmal) in solch einer wichtigen Entscheidung nicht gefragt. Nun, zehn Jahre später, wissen wir, dass die damaligen »Bauchgefühle« richtig waren. Der Euro hat seine Versprechen kaum gehalten – Europa ist durch ihn nicht zusammengewachsen, sondern auseinandergesprengt worden.

Als er dann Anfang 2002 auch als Bargeld eingeführt wurde, machte er sich schnell einen Namen als »Teuro«, da die Preise daraufhin anfingen massiv zu steigen.

Wie wenig der Euro selbst heute etabliert ist, zeigen Umfragen, denen zufolge noch heute 75 Prozent der Menschen auch kleine Beträge in D-Mark rechnen. Gut finden den Euro nur 36 Prozent der Befragten, und es werden immer weniger.[1]

Die Bürger wollen ihre nationalen Währungen wieder: Sogar mehr als die Hälfte der ehemaligen Euro-Befürworter wie Franzosen, Italiener und Spanier hätten gerne wieder ihre alte Währung, in Deutschland wollen sogar zwei Drittel die Deutsche Mark zurückhaben.[2]

---

[1] *AFP*, 18.12.2007.
[2] Die Presse.com, 31.1.2007.

Doch das sind eher noch die harmlosen Folgen der Zwangswährung. Viel schlimmer ist das, was noch folgen wird. Bereits in der Finanzkrise seit dem Jahr 2008 zeigte sich, dass die Spannungen im Euro-Raum immer größer werden und dass die einzelnen Länder nicht mehr wie früher mit einer angepassten Währungspolitik darauf reagieren können.

Dies wird den Euro-Verbund zwangsläufig sprengen, weil die Folgen dieser Spannungen nicht mehr vertretbar sein werden.

Der Schaden, der damit angerichtet wird, lässt sich heute kaum bemessen. Er wird riesig sein, und seine Behebung kann Generationen dauern.

Um zu verstehen, wie es zu diesem umstrittenen Projekt überhaupt kam und welche konkreten Folgen es haben wird, muss man sich die Geschichte ansehen, denn wer die Vergangenheit nicht kennt, kann auch über die Zukunft keine Aussage machen.

Vor allem ist es notwendig, zu klären, warum eine Einheitswährung über einen solch großen, völlig uneinheitlichen Wirtschaftsraum ökonomisch gar nicht funktionieren kann.

Dieses Buch ist eine Fortschreibung meines mittlerweile vergriffenen Buches »Der Euro« von 2001, in dem ich bereits die bisherigen Folgen vorhergesagt habe.

DER EURO-CRASH – EIN MÖGLICHES SZENARIO

»Ein Land, dessen Wirtschaft in den nächsten Jahren unter einer schweren Depression leidet und Angst hat, dass diese chronisch werden könnte, könnte versucht sein, die EWWU zu verlassen, um für eine Entspannung seiner Währungssituation zu sorgen und seine Währung abzuwerten.«

US-Ökonom Martin Feldstein[3]

Der Euro wird heute von Politik, Wirtschaft und Medien als »überragende Errungenschaft« unserer Zeit dargestellt. Kaum jemand hinterfragt noch den Sinn und vor allem die Gefahren, die von dieser Einheitswährung ausgehen. Deshalb ist es um so interessanter, einmal in einem fiktiven Szenario zu beleuchten, wohin eine Euro-Krise führen könnte.

Stellen Sie sich vor, die Wirtschaftskrise verschlimmert sich weiter. Immer mehr ehemalige »Schwachwährungsländer« kommen in weit größere Schwierigkeiten als die »Hartwährungsländer« um Deutschland. Dann wird die Not in diesen schwachen Ländern so groß, dass sich dort radikalere Parteien durchsetzen und den Euro-Verbund aufkündigen.

Was sich zunächst harmlos anhört, weil anfangs nur Italien ankündigt, den Euro-Raum verlassen zu wollen, entwickelt sich innerhalb eines halben Jahres zu einem regelrechten Desaster.

Nach Italien kündigen nur wenige Wochen später Spanien, dann Griechenland und Portugal ihren Austritt an.

---

[3] *Project Syndicate*, 3.12.2008.

Zuerst wird diese Austrittswelle noch von unseren Politikern verharmlost, es wird behauptet, dass Italien viel zu klein sei, um den Euro-Verbund zu beeinflussen. Doch je mehr andere Länder dem folgen und es am Ende sogar zu einer richtigen Austrittswelle kommt, wird klar, dass der Euro nicht zu halten sein wird.

Genauso undemokratisch, wie der Euro eingeführt wurde, wird er jetzt wieder aufgelöst. Die deutsche Regierung erklärt, dass nur die von der Bundesbank ausgegebenen Banknoten mit dem Anfangsbuchstaben »X« zurückgenommen und in die »Neue D-Mark« umgetauscht werden. Da niemand auf solch eine Rückabwicklung des Euros vorbereitet war, kommt es nun zu hektischen Ereignissen. Die Bevölkerung stürmt die Banken und will sofort die neue Währung haben. Da jedoch die Geschäftsbanken weder auf das Ereignis vorbereitet, noch über einen Banknotenbestand der »Neuen D-Mark« verfügen, kann der Umtausch gar nicht vorgenommen werden.

Nun greift die Regierung zu Notmaßnahmen und legt fest, dass zehn Euro nur gegen eine »neue D-Mark« getauscht werden können. Da selbst dazu der Banknotenbestand fehlt, soll der Großteil des Geldes in Form einer Chipkarte als »virtuelle Währung« herausgegeben werden.

Weil niemand eine Vorstellung von der Kaufkraft des neuen Geldes hat, passiert etwas Ähnliches wie schon zur Euro-Einführung im Jahr 2002: Unternehmen setzen willkürlich die Preise viel zu hoch an – und durch den Kaufkraftverlust kommt es zu einer deutlichen Enteignung der Sparer.

Auch die Chip-Währung erweist sich wenig später als fatal. Da nun beinahe der ganze Zahlungsverkehr bargeldlos erfolgt, geht die Anonymität des Bargeldes beinahe ganz verloren. Jede Transaktion ist nun überwachbar und wird gespeichert. Bald schon kommen kriminelle Kreise in Besitz der Daten und können damit anhand der feststellbaren Verhaltensprofile – es wird gespeichert, wer, wann, wo, zu welchem Preis was gekauft hat – Millionen Bürger mit sensiblen Daten erpressen.

Da der Euro-Zerfall die ohnehin schon wütende Wirtschaftskrise weiter beträchtlich verstärkt, wachsen schnell auch die Spannungen innerhalb Europas, bis hin zu militärischen Konflikten.

Die Europäische Union reagiert auf diese Spannungen mit einem weiteren Abbau der Freiheit. Es werden Notstandsgesetze erlassen und »Europatruppen« in den Ländern eingesetzt, die den Auftrag haben, jeden Unmut mit Waffengewalt zu unterdrücken. Europa wird zu einer Diktatur, in der das Wort »Demokratie« nur noch eine Worthülse ist.

So könnte das Ende des Euro-Projektes aussehen.

Doch warum der Euro von Anfang an eine Totgeburt war, zeigt seine Entstehungsgeschichte. Nicht umsonst sagte der ehemalige amerikanische Notenbankpräsident Greenspan: »Der Euro wird kommen, aber er wird keinen Bestand haben.«[4]

---

[4]   *International Herald Tribune*, 2.5.1997.

DER EURO – EINE KATASTROPHALE BILANZ

»Ich stehe denen viel näher, die wirtschaftliche Verflechtungen zwischen den Nationen minimieren statt maximieren wollen. Ideen, Wissen, Kunst, Gastfreundschaft, Reisen – diese Dinge sollten von ihrer Natur her international sein. Aber die Güter sollten einheimisch sein, wann immer dies vernünftig und möglich ist. Und vor allem sollte das Finanzwesen primär national sein.«

John Maynard Keynes

Angesichts dieses möglichen Szenarios ist es interessant, eine kurze Bilanz des Euros für die letzten zehn Jahre aufzustellen. Deutlich wird daran, dass der ganze Weg dieser Einheitswährung alles andere als positiv ist und letztlich in einem Zusammenbruch enden wird.

Im Jahr 1999 wurden die Wechselkurse der europäischen Währungen »unwiderruflich« festgelegt. Drei Jahre später wurden dann die nationalen Währungen durch den Austausch gegen Euro-Bargeld endgültig abgeschafft.

Der Teuro

Hier wurde das Ärgernis erstmals für den Normalbürger spürbar: Bei der Umstellung wurden die Preise bei vielen Unternehmen nicht 1:1 in den Euro umgerechnet, sondern teils deutlich nach oben »aufgerundet«. Teilweise wurde sogar 1,96 D-Mark statt in 1,00 Euro gleich in 1,99 Euro umgestellt. Was früher eine Mark gekostet hatte, war dann plötzlich real fast doppelt so teuer wie vorher. Aus dieser Zeit hat der Euro seinen Spitznamen »Teuro«.

Deutschlands Wirtschaft wird abgewürgt

Doch noch viel gravierender waren die volkswirtschaftlichen Effekte: Weil es in Europa nur noch einen einzigen Zinssatz gab, musste Deutschland nun die niedrigen Zinssätze der ehemaligen Schwachwährungsländer finanzieren. Weil die schwachen Nationen schon immer wegen ihrer inflationären Politik und schwächeren Wirtschaftskraft deutlich höhere Zinssätze hatten, Deutschland jedoch sehr niedrige, lief nun alles auf einen Mittelwert hinaus: Dieser mittlere Zinssatz war für Deutschland zu hoch und für die schwachen Staaten zu niedrig. Das hatte zur Folge, dass die deutsche Wirtschaft unter der extremen, viel zu hohen Zinsbelastung allmählich in eine Krise verfiel, während die schwachen Staaten angesichts der künstlichen Zinserleichterung boomten.

Damit wurde die ehemalige »Wachstumslokomotive« Deutschland zum Schlusslicht in Europa und hatte beispielsweise in den Jahren nach der endgültigen Euro-Einführung praktisch keinerlei Wachstum mehr zu verzeichnen. Damit finanzierte Deutschland über seine enorm gestiegenen Zinslasten den scheinbaren Boom in den schwachen Ländern, die damit unter anderem eine Immobilienblase aufbliesen.

Die Schwachwährungsländer kriseln

Daran änderte sich erst nach einigen Jahren etwas, als die deutsche Wirtschaft wieder erstarkte und mit ihren viel niedrigeren Lohnstückkosten die schwachen Länder in die Bredouille brachte, welche mit den starken Ländern zunehmend schwerer konkurrieren können. Zudem kam es seit 2007/2008 zum Platzen der Immobilienblasen in Europa, und die Bankenkrise führte dazu, dass die schwachen Nationen stärker von der weltweiten Wirtschaftskrise getroffen wurden als die starken Länder. Die Folge war, dass die Zinssätze für Staatsanleihen immer weiter auseinandergingen und beispielsweise Griechenland fast zwei Prozent mehr Zins bieten musste als Deutschland. Im Gegensatz zu früher, als alle noch nationale Währungen hatten, können die Schwachwährungsländer heutzutage nicht mehr abwerten, weil sie an den harten Euro gebunden sind. Daraus entwickeln sich nun Spannungen, welche ohne Wechselkurspuffer nicht mehr zu lösen sind und deshalb früher oder später einen Ausstieg aus dem Euro-Verbund erzwingen.

Die Gesamtbilanz des Euro ist damit für alle Länder sehr negativ – keiner kann mehr eine angepasste Währungspolitik verfolgen, und alle werden in den Strudel einer gemeinsamen Krise gerissen, aus der es keinen Ausweg mehr gibt.

Angesichts dieses kurz dargestellten Desasters stellt sich die Frage, wie es überhaupt so weit kommen konnte und warum diese Einheitswährung überhaupt eingeführt wurde.

Quelle: Manfred Wenzel, Köln

Karikatur 1

Die Vorgeschichte: Der Euro –
eine antidemokratische Ausgeburt

»Dublin, April 1990: Zwei Monate zuvor hatte Gorbatschow den Weg zur Vereinigung Deutschlands freigegeben, zum Entsetzen von Mrs. Thatcher, zum Kummer von François Mitterrand. Man sann darüber nach, wie man das neue ›starke‹ Deutschland, das zum Fürchten sei, zusätzlich einbinden könnte. Am Horizont tauchte Maastricht auf, der Vertrag über die Europäische Union.«

Die Welt, 27.4.2000

Von Anfang an wurde der Euro von den damaligen Regierungen unter Ausschaltung jeder Demokratie beschlossen und seine Einführung mit großem Medieneinsatz forciert. Dabei begannen die Kampagnen für die europäische Einheit schon in den fünfziger Jahren, als beispielsweise eine französische Wochenschau die angeblich vorbildliche Entwicklung der Sowjetunion als Beispiel dafür anführte, dass auch Europa einen großen Wirtschaftsraum brauche. Dadurch würden Angebot und Nachfrage steigen, und sowohl die Betriebe als auch die Landwirtschaft sollten davon profitieren.[5] Nach dem Scheitern der EU in der Landwirtschaftspolitik einerseits und dem Zerfall der Sowjetunion andererseits ließen sich solche Argumente kaum noch anführen, weshalb die Euro-Propaganda in anderer Richtung – und noch massiver – geführt wurde. Schon dieser Umstand zeigt, dass das Großkapital an der Einheitswährung starkes Interesse haben muss und diese deshalb gegen alle Widerstände durchgesetzt werden soll. Wenn sich die Politiker ansonsten in fast allen Fragen uneinig sind, so waren sie bei der Aufgabe der Währungssouveränität doch

---

[5] Übersetzter Originaltext einer französischen Wochenschau von 1957.

eigenartigerweise gleicher Meinung. Die Einführung der Einheitswährung wurde im Bundestag mit einer Mehrheit von weit über 90 Prozent abgesegnet, obwohl der Großteil der Bevölkerung gegen das Projekt war. Eigentlich sollte das Parlament die Wünsche des Volkes widerspiegeln und repräsentieren, doch war davon wenig zu bemerken. Umfragen ergaben später, dass die Politiker weder über die Zusammenhänge Bescheid wussten, noch grundsätzliche Daten, wie beispielsweise die Stabilitätskriterien, auch nur annähernd kannten. Ganz im Gegensatz dazu waren schon im Herbst 2000 deutschlandweit stolze 63 Prozent der Menschen gegen die Abschaffung der D-Mark; in Ostdeutschland waren es sogar 77 Prozent.[6] Kurz vor der Einführung des Euro-Bargelds waren es dann schon 90 Prozent, die diese Einheitswährung ablehnten. Angesichts der Hartnäckigkeit, mit der die unbeliebte Maßnahme gegen das eigene Volk durchgepeitscht wurde, kann vermutet werden, dass die Entscheidungsträger möglicherweise unter enormem Druck standen. Dass auch später nie beabsichtigt war, die Menschen an der Entscheidungsfindung zu beteiligen, zeigte die Reaktion der Presse, als EU-Kommissar Verheugen richtigerweise dazu aufforderte, die deutsche Bevölkerung über die EU-Osterweiterung abstimmen zu lassen. Es wurde erklärt, dass die Äußerungen Verheugens unverantwortlich seien, da das Grundgesetz keine Volksentscheide auf Bundesebene vorsehe. Der Vorschlag sei auch deshalb unverständlich, weil er als Erweiterungskommissar für das gute Gelingen der Beitritte zu sorgen habe, mit seinem Vorschlag jedoch den Eindruck erwecke, dass er selbst gegen die Erweiterung sei.[7] Allerdings war nirgendwo in der Presse die Rede davon, dass es verfassungsrechtlich mehr als fragwürdig ist, wenn eine kleine Minderheit von Politikern die Währungssouveränität eines Landes entgegen der Volksmeinung komplett aufgegeben hat, dass also nicht nur über die Osterweiterung, sondern über das ganze Euro-Projekt hätte abgestimmt werden müssen.

---

[6] *Süddeutsche Zeitung*, 4.9.2000.
[7] *Financial Times Deutschland*, 4.9.2000.

»Deutschland kann sich seinen Verpflichtungen bei der Neugestaltung Europas nicht entziehen, auch wenn dies zunächst Opfer fordert.«

Norbert Blüm

Deutschland wurde zum Euro gezwungen

Es stellt sich die Frage: Wenn Deutschland finanziell und ökonomisch gar keine Interessen an einer Einheitswährung haben kann – warum traten dann gerade deutsche Politiker so vehement für das unbeliebte Einheitsprojekt ein?

Eine Antwort könnte der geschichtliche Hintergrund liefern: Als 1990 die deutsche Einheit ins Haus stand, wirkte diese Entwicklung auf die meisten europäischen Nachbarn bedrohlich. Sie hatten anscheinend Angst vor der gesteigerten Wirtschaftskraft des vereinigten Deutschland. Deshalb waren diese Länder wahrscheinlich sehr bemüht, das vereinigte Deutschland so fest in Europa einzubinden, dass es seine eigenständige Wirtschaftspolitik verlieren würde. Und dazu eignete sich der Entzug der Währungssouveränität. Der Beschluss, die D-Mark abzuschaffen, erfolgte deshalb nach der deutschen Einheit, im Jahr 1992 durch den Vertrag von Maastricht. Diese Annahme stützt auch eine Aussage des ehemaligen Zentralbankchefs von Hamburg, Professor Wilhelm Nölling:

Soweit wir wissen, haben diese Länder gefordert, als Zustimmung zur Vereinigung ..., die sie vielleicht nicht verhindern konnten, dass Deutschland eingegittert, gefesselt werden müsste, und zu diesem Zwecke kann man nichts Besseres tun, zusätzlich zur NATO und zur Integration in Europa, als auch die Währung zu vereinheitlichen.[8]

Wie wir später noch sehen werden, wird diese Annahme auch von einer Reihe anderer Professoren geteilt, die vor dem Bundesverfassungsgericht gegen den Euro klagten.

---

[8] Was tun, wenn die D-Mark stirbt?, Polar Film + Medien, 1996 Videokassette.

Um die Hintergründe zu beleuchten und um die heutigen Vorgänge genau einschätzen zu können, sollte man sich noch einmal die Entwicklung zur Euro-Einführung näher ansehen. Hier stellt sich die Frage, wie die Einführungsphase abgelaufen und ob der Euro wirtschaftlich sinnvoll ist, beziehungsweise welche Gefahren er für die Länder erzeugt.

>> *Ohne eine gemeinsame Währung sind wir alle – Sie und wir – dem Willen der Deutschen unterworfen. Wenn sie ihre Zinssätze anheben, müssen wir ihnen folgen, und Sie, die Sie nicht dem Währungssystem angehören, tun dasselbe. Mitreden können wir nur, wenn es eine europäische Zentralbank gibt, wo gemeinsam entschieden wird.*<<

Der französische Präsident Mitterrand gegenüber der britischen Premierministerin Thatcher nach der deutschen Wiedervereinigung

Der Vertrag von Maastricht – ein Versailles ohne Krieg?

Der langjährige Spitzenbeamte im Auswärtigen Amt Wilhelm Schönfelder berichtete dem britischen Journalisten David Marsh, dass bereits Ende der 1980er Jahre, als über französische Atom-Kurzstreckenraketen – welche nur auf deutschem Gebiet explodieren konnten und deshalb Deutschland gefährdeten – geredet wurde, die Franzosen die »deutsche Atombombe« ins Spiel brachten. Da Deutschland über keine eigenen Atomwaffen verfügt, erklärte Mitterrands engster Berater Jacques Attali, dass damit die D-Mark gemeint sei.

Frankreich hielt also die D-Mark für genauso bedrohlich und unkontrollierbar, wie wenn Deutschland eigene Atomwaffen gehabt hätte.

Vor dem Ministerrat erklärte der französische Staatspräsident Mitterrand am 17. August 1988: »Die Deutschen sind ein großes Volk, das gewisser Attribute der Souveränität entbehrt und einen verminderten diplomatischen Status genießt. Deutschland gleicht seine Schwäche durch seine ökonomische Stärke aus. Die Deutsche Mark ist gewissermaßen ihre Atomstreitmacht.«

Die Währungsunion wurde also von vornherein als Mittel gesehen, um die deutsche ökonomische Stärke einzudämmen. Bundesbankpräsident Pöhl hielt noch Ende der 80er Jahre eine Währungsunion für eine Aufgabe von hundert Jahren. Erst als die Wiedervereinigung Deutschlands anstand, konnten die ausländischen D-Mark-Gegner das für politischen Druckaufbau nutzen.

Speziell Frankreich hatte Angst vor einem wirtschaftlich noch stärkeren Deutschland und drängte auf die Währungsunion. Weiter bekräftigte Mitterrand seine Absicht, dass Deutschland sich auf die »Einkreisung« in Europa gefasst machen müsse. Diesem politischen Druck gab dann die deutsche Regierung nach und stimmte dem Euro-Projekt zu.[9]

Beschlossen wurde die Einführung des Euros endgültig 1992 in einem Vertrag, der in Maastricht geschlossen wurde. Den Weg zum Euro dachten sich dabei die Verantwortlichen als einen Weg in drei Hauptstufen, sowie einer vorhergehenden Vorbereitungsphase.

Vorbereitungsphase:
Ende 1995 verabschiedete der Europarat das Einführungsszenario.
Am 1.1.1997 wurden die rechtlichen Rahmenvorschriften für den Euro und die Europäische Zentralbank festgelegt.
Anfang 1998 erfolgte die Entscheidung über die Teilnehmerländer, und im Verlauf des Jahres 1998 wurden die Rechtsvorschriften erlassen sowie die Entscheidung über das geldpolitische Instrumentarium der Europäischen Zentralbank gefällt.
Am 1.1.1999 erfolgte die Festlegung der Wechselkurse, die Europäische Zentralbank übernahm die Kontrolle über die Geldpolitik, und Geldüberweisungen zwischen Banken wurden aufgrund der Euro-Verrechnungseinheit durchgeführt.
Am 1.1.2002 wurden alle nationalen Währungen durch Ausgabe von Euro-Bargeld abgeschafft.

Doch schon die Diskussion zur Euro-Einführung war sehr eigenartig.

---

[9]   *ef-Magazin*, 6.3.2009.

*»Frankreich will vor allem die Deutsche Bundesbank
in den Griff bekommen.«*

Bernard Connolly, EU-Spitzenbeamter[10]

Die Euro-Propaganda – ein Täuschungsmanöver

Die Einführungsphase des Euros war eine Zeit voller Widersprüche und Täuschung der Öffentlichkeit, in der kritische Stimmen kaum vorhanden waren oder nicht zu Wort kamen. Die Medien waren sich einig – werteten doch die meisten Meldungen den Euro als einen Segensbringer für Europa. Dass etwas mit diesem Euro-Projekt nicht ganz stimmen konnte, wurde dem kritischen Beobachter klar, als die »Begründungen« weniger harte Fakten als vielmehr Emotionen enthielten. So wurden beispielsweise großangelegte Werbekampagnen mit dem Fußball-Bundestrainer gestartet, die so nichtssagende Überschriften trugen wie: »Der Euro ist ein Steilpass in das nächste Jahrhundert« und »Europa ist Zukunft«.

Ob ein Fußballtrainer überhaupt kompetent sein kann, ein solch entscheidendes Thema zu beurteilen, wurde nicht gefragt. Vielmehr wurde mit dieser Werbung versucht, den fußballbegeisterten Teil der Bevölkerung emotional anzusprechen und entsprechend zu manipulieren. Genauso wurde in den Medien fast nie über die eigentlichen Probleme der Einheitswährung berichtet. Stattdessen war es für die Meinungsbildner wichtiger, die Bevölkerung über so unwichtige Fragen zu informieren, wie was aus einer Münzsammlung werde oder was wohl ein Pfund Kaffee kosten werde, wenn der Euro da sei. Die Presse legte auch großen Wert auf die Frage, was mit den alten Geldscheinen passieren solle – ob verbrennen oder kompostieren besser sei.[11] Teilweise kamen statt richtiger Information auch kuriose Meldungen, wie die Befürchtung der EU-Kommission, dass bei der Einführung von Euro-Bargeld Anfang 2002 die Banken-Gebäude durch das Gewicht alter und neuer Münzen Schaden

---

[10] Was tun, wenn die D-Mark stirbt?, Polar Film + Medien, 1996 Videokassette.
[11] *Bild-Zeitung*, 26.2.2001.

Bild 1: Typische Desinformationswerbung zur Euro-Diskussion[12]

---

[12] Journal für Deutschland, Presse- und Informationsamt der Bundesregierung, 8/1997.

nehmen könnten.[13] Wie wir noch sehen werden, sind die durch den Euro angerichteten Schäden allerdings weit größer als die Befürchtung, ein paar Bankhäuser könnten Risse bekommen.

Um den Bürgern die endgültige Abschaffung der nationalen Währungen durch die Einführung von Euro-Bargeld zu versüßen, wurde angekündigt, für 20 D-Mark sogenannte Starterkits mit den wichtigsten Euro-Münzen abzugeben. Der Wert dieser Kits war einen Cent (ca. zwei Pfennig) höher als die bezahlten 20 D-Mark, was von den Verantwortlichen als »großzügige Dreingabe« bezeichnet wurde.[14] Statt wirkliche Aufklärung zu betreiben, waren sich die sonst zerstrittenen Parteien darüber einig, dass durch verstärkte Werbekampagnen der Euro beliebt gemacht werden sollte. Der damalige Bundeskanzler Gerhard Schröder rief beispielsweise dazu auf, verstärkt nicht nur um den Verstand, sondern auch um die Herzen der Bürger zu ringen. Dem stimmten die Oppositionsparteien zu, als der damalige Fraktionschef Friedrich Merz dazu aufrief, den Menschen die Ängste zu nehmen, da die Politik die Zustimmung der Bevölkerung brauche, welche momentan nicht vorhanden sei.[15] In die Desinformationskampagne passten Äußerungen des ehemaligen Finanzministers Theo Waigel, der behauptete, dass der Euro die »einzig richtige und gerade noch rechtzeitige Antwort auf die Globalisierung der Märkte« gewesen sei. Heute sehe er den Euro als Klammer für den Verbund der Länder, Europa brauche einen einheitlichen Binnenmarkt mit einer gemeinsamen Währung.[16] Dies war allerdings nur eine Behauptung, deren Beweisführung nach wie vor aussteht.

Doch gingen die Verantwortlichen noch viel weiter: Ausgiebig wurden dabei Tricks der Massenpsychologie angewandt, die darin bestanden, eine der Bevölkerung unangenehme Entscheidung bekannt zu geben und dann in Scheingefechten zwischen Befürwortern und gewollten Gegnern totzureden. So wollten die Bürger bald nichts mehr von der Sache wissen und gewöhnten sich an die ungeliebte Entscheidung.

---

[13] *Augsburger Allgemeine Zeitung*, 31.1.2001.
[14] *Augsburger Allgemeine Zeitung*, 20.1.2001.
[15] *Süddeutsche Zeitung*, 29.11.2001.
[16] *Augsburger Allgemeine Zeitung*, 20.3.2000.

> *»Um das Vertrauen in den Euro zu stärken, hat die EU-Kommissi-*
> *on 170 Wissenschaftler und Wirtschaftsexperten in allen EU-Staa-*
> *ten vertraglich verpflichtet. Mit wissenschaftlicher Objektivität sol-*
> *len sie Ängste und Vorbehalte besorgter Bürger ausräumen. ... In*
> *dem Maulkorbvertrag der Kommission heißt es wörtlich:* ›*Sie wer-*
> *den insbesondere auf jede persönliche oder subjektive Interpretati-*
> *on der Kommissions-Informationen verzichten.*‹ *Auch bei persönli-*
> *chen Äußerungen* ›*dürfen sie keine Ansichten äußern, die denen der*
> *Kommission widersprechen.*‹*«*

Focus 19/1997

Die Euro-Kampagne – Augenwischerei fürs Volk

Als die Pläne zur Begründung der Einheitswährung in der breiten Presse bekannt gegeben wurden, regte sich in der Bevölkerung scharfer Protest. Angebliche Euro-Gegner traten mit unbegründeten Argumenten wie »der Euro bringt Inflation« auf, und die Masse hatte den Eindruck, dass ihre Interessen würdig vertreten seien. Die wirklich triftigen Argumente gegen die Einheitswährung wurden bei dem Scheingefecht zwischen Befürwortern und angeblichen Gegnern jedoch gar nicht geäußert und interessierten die Masse auch nicht. Nach einer Ruhephase schwenkten immer mehr »Euro-Gegner« zu den Befürwortern über, und da sich auch das Inflationsargument nicht bewahrheitete, hatten die Massen plötzlich den Eindruck, dass die Argumente gegen den Euro tatsächlich haltlos seien. Somit konnte die Einheitswährung Anfang 1999 ohne Widerstand wie geplant beschlossen werden. Durch die breite Diskussion von Scheinargumenten konnte die Masse ihre Emotionen ausleben, und es ist nicht einmal dann Widerstand zu befürchten, wenn der Euro seine fatalen Eigenschaften zeigt. Die psychologische Strategie ging und geht immer noch in die Richtung, die Bevölkerung auf unwichtige Scheinargumente zu konzentrieren, um die eigentlichen Gefahren des Euro-Projektes zu verdecken.

Ein übriges taten offizielle Stellen, die alles unternahmen, um handfeste kritische Argumente unter den Teppich zu kehren und Gegner mundtot zu machen. Der Internationale Währungsfonds (IWF) warnte sogar vor einer Debatte um die Einführung des Euro und erklärte, dass nur Optimismus für Stabilität sorge.[17] Die Schuld für ein Scheitern der europäischen Einheitswährung wurde damit schon im Vorfeld den Kritikern zugeschoben, die Streit provozieren und somit große Kapitalumschichtungen und Währungsschwankungen verursachen würden.

Auch die Kirchen brachten leider keinerlei kritische Stellungnahmen zum Euro-Projekt. So erklärten die Bischöfe in einer Stellungnahme gegenüber der Kommission der Bischofskonferenzen der Europäischen Gemeinschaft (ComECE) ganz nach der üblichen Euro-Propaganda, dass die Währungsumstellung Vorteile beim Reisen bringen würde und Preise vergleichbar mache. Auch hätte schon die Aussicht auf den Euro die Finanzkrisen aus Asien und Russland weitgehend von Europa ferngehalten. Weiterhin solle der Wettbewerbsdruck innerhalb der Union zur Erneuerung der Volkswirtschaften führen. Außerdem wäre es ein fundamentaler Irrtum, zu behaupten, dass mit der Währungsunion neue Mauern errichtet würden. Mit dem Euro würde vielmehr ein neuer Stabilitätspol in Europa geschaffen. Dieser wäre zu einem Faktor stabilitätsfördernder Zukunftsgestaltung geworden. In ihm schwinge die Hoffnung auf ein solidarisches Europa mit. Dies öffne den Weg für neue Solidaritäten nach innen und außen.[18] Es stellt sich die Frage, inwieweit die Bischöfe frei urteilen konnten und ob sie überhaupt die Kompetenz besaßen, solch eine Beurteilung abzugeben.

In diesem Umfeld war kaum an eine kritische Diskussion zu denken.

Überhaupt wurde mit Kritikern nicht gerade glimpflich umgegangen. Ein Beispiel dafür war der ehemalige hohe EU-Beamte Bernard Connolly, der seit 1990 bei der EU-Kommission als Referatsleiter direkt an den Vorbereitungen der Währungsunion beteiligt gewesen war. Connolly versuchte die Bevölkerung zu warnen und äußerte deshalb seine Überzeugung, dass die Einheitswährung die politische Zwietracht in Europa vergrößern und zu schweren ökonomischen Schäden führen werde. Doch bekam er nie die

---

[17] *Die Welt*, 23.9.1997.
[18] Stellungnahme der Bischöfe der ComECE, Brüssel, 6.12.2000.

Erlaubnis seines Dienstherren, diese Warnung auszusprechen, weshalb er ein brisantes Buch veröffentlichte, in dem er die europäische Währungsunion als verrottetes, verfaultes Projekt beschrieb. Durch ein Disziplinarverfahren der EU-Kommission wurde der Brite wenig später entlassen. Wie zu erwarten war, wurde diese Entlassung Anfang 2001 vom Europäischen Gerichtshof mit der Begründung gebilligt, dass Connolly einen kritischen, die EU-Kommission beleidigenden Text unerlaubt veröffentlicht habe und damit das Grundrecht auf freie Meinungsäußerung als Beamter überschritten habe.[19] Kaum gewürdigt wurde jedoch, dass hier ein Insider des Projektes auf Missstände aufmerksam machen wollte und sich dabei seinem Gewissen verpflichtet sah, Schaden von Europa abzuhalten.

Meist beschränkte sich die erlaubte Euro-Kritik auf Diskussionen über die an sich unwichtigen *Stabilitätskriterien*. Damit wurden sämtliche Gedanken auf einen unwesentlichen Bereich konzentriert und kritischen Argumenten von vornherein die Grundlage entzogen. Doch bei der Diskussion um die Stabilitätskriterien wurde vergessen, dass die Werte willkürlich, ohne ökonomische Rechtfertigung festgelegt worden waren. Warum sollte eine Staatsverschuldung von 60 Prozent in Ordnung sein, während 70 Prozent als ungesund galten? Auch Euro-Befürworter gaben hier zu, dass es keinen fundierten Hintergrund für die Festlegung der Kriterien gab.

Doch genau diese unkritische Einführung der Einheitswährung wird zu massiven Problemen führen. Dadurch entstehen Spannungen, die letztlich dazu zwingen, den künstlich festgelegten Wechselkurs wieder anzupassen. Die Spekulanten können dann die entwerteten Schulden wieder zurückzahlen. Das gleiche Vorgehen war am 15.9.1992 zu beobachten, als der Multimilliardär George Soros durch Spekulation das Europäische Währungssystem sprengte. Offenbar hat man seither nichts aus der Geschichte gelernt. So erwartete Dr. Walter Eltis, der Wirtschaftswissenschaftler und ehemalige Berater des englischen Wirtschaftsministers, dass die Euro-Gemeinschaft bereits nach kurzer Zeit wieder zerfallen werde. Auch George Soros hatte angekündigt, den Euro vernichten zu wollen.[20]

---

[19]   *Süddeutsche Zeitung*, 7.3.2001.
[20]   *Euro*, Das europäische Wirtschaftsmagazin, 4/1998.

Zehre, Magen, zehr‹ vom deutschen Saft,
Bis auf einmal endet deine Kraft,
Krankt das Herz, siecht ganzer Körper hin,
Deutschlands Elend ist der Welt Ruin.

»Das Lied der Linde«, Prophezeiung von 1850

Deutschland wird ausgebeutet

Langsam kam auch Kritik an der einseitigen Lastenverteilung in der EU
an die Öffentlichkeit. So zahlte Deutschland allein 1995 etwa 25 Milliarden DM mehr in die EU-Kasse, als daraus zurückfloss. Andere Länder
wie Spanien oder Frankreich waren Nettoempfänger und drängten ver-
ständlicherweise auf eine schnelle Weiterführung des Einheitsprozesses.
Weit überschätzt wurde im Allgemeinen auch die Abhängigkeit Deutschlands vom EU-Markt. So hängt hierzulande nur jeder achte Arbeitsplatz
von der Ausfuhr in den europäischen Binnenmarkt ab, im Durchschnitt
der anderen Mitgliedsländer hingegen jeder sechste.[21]

Auch in den Jahren nach der Euro-Einführung änderte sich daran nur wenig. Im Jahr 2005 war Deutschland mit über sechs Milliarden Euro immer
noch der größte Nettozahler in der EU!

Rechnet man nur die Zahlen von 1995 bis 2003, dann musste Deutschland
über 76 Milliarden Euro mehr in die EU-Kasse zahlen, als es herausbekam
– damit finanzierte die Bundesrepublik mehr als die Hälfte aller Leistungen
an die Nettoempfängerländer in Höhe von 143 Milliarden Euro.

Man muss sich vorstellen, dass diese Zahlen sogar bis Ende der 90er Jahre unter Verschluss gehalten wurden, da die EU behauptete, das Ziel eines
vereinigten Europas dürfe nicht mit der Veröffentlichung solcher Zahlen
untergraben werden, die schließlich die ganze Ungerechtigkeit des Systems aufzeigten.

---

[21] *Süddeutsche Zeitung*, 28.6.1997.

Als die Daten dann durch einen Beamten im Europäischen Rechnungshof öffentlich gemacht wurden, behaupteten die EU-Protagonisten, dass diese allein keine Aussagekraft besäßen, weil die Vorteile – auch der Zahlerländer – weitaus größer seien, schließlich hätten wir seit 50 Jahren keinen Krieg mehr gehabt.

Noch schlimmer sieht es beim Finanzverlust aus, seit die Europäische Zentralbank (EZB) die Währungssouveränität übernommen hat.

Vergessen wird heute völlig, dass die Übergabe der Währungssouveränität an die EZB vor allem für Deutschland einen großen Verlust bedeutete, weil der ansehnliche Bundesbankgewinn wegfällt.

Das ifo-Institut erklärte schon, dass allein die Einführung des Euro-Bargeldes Anfang 2002 Deutschland einen Verlust von knapp 30 Milliarden Euro bescherte. Dieser Betrag ergebe sich ifo-Präsident Hans-Werner Sinn zufolge aus der Übertragung des Gewinns bei der Bargeldschöpfung von den nationalen Notenbanken auf die Europäische Zentralbank. Deutschland sei dabei der größte Verlierer der Währungsunion und Frankreich der größte Gewinner. Die Experten erklärten, dass der sogenannte Geldschöpfungsgewinn dadurch entstehe, dass die jeweilige Notenbank das von ihr geschöpfte Bargeld den Privatbanken zur Verfügung stellt und diese dafür Wertpapiere bei der Notenbank hinterlegen müssten. Auf diese als Sicherheit dienenden Wertpapiere erzielt die Notenbank einen Zinsgewinn, der zur Finanzierung des jeweiligen Staatshaushalts beiträgt – was mit der Einführung des Euros jedoch weggefallen ist. Die EZB, welche die Gewinne seither erhält, verteile diese nach einem im Vertrag von Maastricht festgelegten Schlüssel, der Länder wie Deutschland stark benachteilige. Während Deutschland 39 Prozent zum gesamten Geldschöpfungsvermögen von 352 Milliarden Euro beitrage, erhalte es nur 31 Prozent zurück. Frankreich dagegen trage nur zwölf Prozent bei, erhalte aber 21 Prozent.[22]

---

[22] *Die Welt*, 27.11.2000.

»Es ist überhaupt nicht begreifbar, was die Bundesregierung bewogen hat, in diesen Vertrag einzusteigen, und es ist auch nicht begreifbar, was sogenannte Experten an ihm gut- und schönreden.«

Professor Wilhelm Hankel, Ex-Chef der Hessischen Landesbank[23]

Angebliche Vorteile des Euros – die Realität straft Lügen

Zunächst einmal stellt sich die Frage, welche Vorteile der Euro eigentlich bringen sollte. Meist wurde hier der Wegfall von Umtauschgebühren für Urlauber ins Feld geführt.

Bei der Diskussion der Umtauschgebühren war auffällig, dass selten konkrete Zahlen, welche das Ausmaß dieser Kosten angegeben hätten, genannt wurden. Um so mehr wurde der scheinbar große Nutzen für die Urlauber dargestellt, sich die Arbeit des Umtauschens sparen zu können. Expertenkreise schätzten die europaweiten Umtauschkosten auf gerade 0,3–0,4 Prozent des gesamten Handelsvolumens, was allein angesichts der Steuerlasten bedeutungslos erschien.[24] Bei den Umtauschkosten der Urlauber wurde nicht beachtet, dass die Frage der Gebühren eine völlig andere Sache ist und mit einer Einheitswährung nichts zu tun hat. Der Euro hat also keineswegs zu irgendeiner Erleichterung geführt, und die Argumente und Versprechungen waren offensichtlich nur Augenwischerei.

Genauso wenig fundiert war die Behauptung, dass der Euro nötig sei, um den Handel innerhalb Europas zu erleichtern. Der Blick auf die realen Zahlen beweist, dass dieses Argument kaum stichhaltig ist. Täglich werden zwei Bio. US-$[25] international ausgetauscht, wovon nur ein bis zwei Prozent für Handel und Dienstleistungen verwendet werden![26] Schon

---

[23] *Was tun, wenn die D-Mark stirbt?*, Polar Film + Medien, 1996 Videokassette.
[24] Nachfrage bei Prof. Martens Deutsche Bundesbank, bei Bankentagung Ulm 4/97.
[25] *Godmode Trader* 2009.
[26] Prof. Dr. Hesse, Landeszentralbank Bremen, Niedersachsen und Sachsen-Anhalt; Presseartikel Deutsche Bundesbank 23.1.1997

hier wird deutlich, dass es bei der Einführung des Euros kaum um eine Verbesserung der Handelsbedingungen gehen konnte. Was erleichtert wird, ist die Kapitalverschiebung, die nur Großbanken und großen Konzernen nützt. Genau diese Institutionen waren es auch, welche maßgeblich die Einführung des Euros vorantrieben – wie man annehmen kann, sicher nicht aus Uneigennützigkeit. Die Gefahr liegt darin, dass die Tendenz zur Monopolisierung noch größer wird und am Ende wenige Banken die gesamte Wirtschaft kontrollieren können. Dabei spielt der europäische Raum weltweit eine Hauptrolle:

Wie der Internationale Währungsfonds (IWF) schätzt, halten die europäischen Banken 54 Prozent der Finanzinstrumente (Aktien, Anleihen, Kredite), während die USA nur einen Anteil von 22 Prozent haben.[27] Im Gegensatz zu den ehemals vielen einzelnen Banken mit separaten Landeswährungen hat der Euro-Währungsblock deutlich an Macht gewonnen. Außerdem hat das Kapital seit Einführung des Euro gegenüber Produktion und Arbeit ein zunehmend stärkeres Übergewicht erlangt. Es verwundert wenig, dass gerade die Vertreter des Großkapitals – Banken und Großkonzerne – die eigentlichen Initiatoren des Euro-Projektes waren. Auch das organisierte Verbrechen ist gegenüber der Einheitswährung sicher nicht abgeneigt, da seither die in Italien erpressten Gelder beispielsweise in Deutschland problemlos wieder »gewaschen« – also in die Wirtschaft investiert – werden können. Dazu kommt dann der schon heute korrupte bürokratische Apparat in der Europäischen Union, der es Verbrechern leicht macht, die Politik in ihrem Sinne zu gestalten. Die organisierte Kriminalität hat durch den Euro spürbar zugenommen und Ausmaße erreicht, welche sich nicht mehr kontrollieren lassen. Egal, wer den Hauptnutzen aus dem Euro zieht, eines ist sicher: Die Kleinunternehmer, Arbeitnehmer und ehrlichen Bürger verlieren deutlich ihre Rechte und Freiheiten an legale und illegale Monopolisten.

---

[27]   Deutsche Bundesbank/Auszüge aus Presseartikeln, *Handelsblatt* vom 22.9.1997.

»Eine Umfrage der Forschungsgruppe Wahlen für die Dresdner Bank ergab, dass 75 Prozent der Bundesbürger zum Teil auch kleine Beträge umrechnen. Dies waren nahezu genauso viele wie 2004. Insgesamt verliert der Euro laut Umfrage deutlich an Rückhalt. Nur noch 36 Prozent der Befragten finden ihn gut, während es 2006 noch 42 Prozent waren.«

AFP Meldung, 18.12.2007

Der »Teuro«

Der größte »Vorteil« des Euros wurde von den Befürwortern damals mit dem angeblichen größeren Wettbewerb in Europa und damit verbilligten Preisen angegeben. Doch genau hier zeigte sich bereits wenige Tage nach der endgültigen Euro-Einführung, dass das nur leere Versprechen waren. Schnell kletterten nach Einführung des Euro-Bargeldes die Preise, weil viele Unternehmen die Preise 1:1 umstellten. Was also vorher eine Mark gekostet hatte, das kostete nach der Euro-Einführung einen Euro, was dem Gegenwert von fast zwei D-Mark entsprach.

Dienstleistungsunternehmen – und vor allem die Gastronomie – fielen hier besonders unangenehm auf.

Frühe Warnungen vor der Euro-Katastrophe

> *»Wenn ich Deutsche wäre, würde ich die D-Mark*
> *auf alle Fälle behalten.«*
>
> Margaret Thatcher[28]

Schon Anfang 1998 klagten die renommierten Professoren Wilhelm Hankel, Wilhelm Nölling, Karl Albrecht Schachtschneider und Joachim Starbatty vor dem Bundesverfassungsgericht gegen die Einführung des Euros. Die zur Klage geäußerten Hintergründe vermitteln ein gutes Bild davon, mit welcher Gewalt und welchem Dilettantismus dieses Projekt von den Verantwortlichen in der Politik durchgepeitscht wurde.

Die Experten weisen auf die unterschiedlichen Gegebenheiten der einzelnen Staaten innerhalb Europas hin: »Das entscheidende Risiko liegt in einem inneren Dissens, der in die Währungsunion hineingetragen wird. Bisher konnten sich unterschiedliche Politiken und unterschiedliche wirtschaftliche Entwicklungen über Preise, Zinsen und Wechselkurse auspendeln. Diese Möglichkeit gibt es in der Währungsunion nicht mehr. Wenn Konflikte über den richtigen Kurs innerhalb einer Währungsunion ausbrechen, dann wird zum politischen Streit, was vorher von Märkten nahezu geräuschlos kanalisiert und geregelt wurde.« Wie wir später noch sehen werden, ist gerade der Wegfall eines Wechselkurspuffers der Hauptgrund dafür, dass das Projekt scheitern muss.

---

[28] Was tun wenn die D-Mark stirbt?, *Polar Film + Medien*, 1996 Videokassette

»Der Euro … ist der Preis für die Wiedervereinigung Deutschlands
… und daran kann diese Bundesregierung nicht vorbei. … hier geht
es um politische Entscheidungen.«

Karl Heinz Däke, Bund der Steuerzahler[29]

Abschaffung der D-Mark als Preis für die Einheit

Interessant ist die Begründung, warum überhaupt die ökonomisch unsinnige Währungsunion eingeführt wurde: »Der Grund für dieses politische Projekt wird allgemein in der stärkeren integrationspolitischen Einbindung des wiedervereinigten Deutschland gesehen: der Euro als Preis der Einheit.« Dazu wird als weiterer Beleg der frühere Bundespräsident Richard von Weizsäcker zitiert: »Dazu gehört der vor allem von den Franzosen, aber auch von anderen geäußerte Wunsch, in Zukunft nicht mehr von der Deutschen Bundesbank mit ihrer noch dominierenden Mark abhängig zu sein.« Die Professoren wiesen auf die Märkte hin und schrieben über die dort vorherrschende Meinung: »Auf ihren Hauptaspekt reduziert, sei die Währungsunion ein deutsch-französischer Pakt zur Abschaffung der D-Mark im Gegenzug für eine engere politische Union gewesen.« Belegt wird dieses Argument auch dadurch, dass nach dem Abschluss des Maastrichter Vertrages vor allem die Abschaffung der D-Mark als Ergebnis herausgestellt wurde. Weil sich die Notenbanken im Europäischen Währungssystem EWS immer an der stärksten Währung, der D-Mark, ausrichten mussten, hatte »überspitzt formuliert, der Präsident einer deutschen Landeszentralbank mehr Einfluss beispielsweise auf die Geldpolitik der Banque de France als der französische Finanzminister. … Als Ankerwährung gab die Bundesbank den Kurs vor, dem die anderen Notenbanken zu folgen hatten, wenn sie ihre Wechselkurse gegenüber der D-Mark stabilisieren wollten.« Mit der Einheitswährung wird den Professoren zufolge die bisher vorherrschende Wettbewerbsposition in eine Monopollösung verwandelt. Unabhängig davon, dass das EWS mit seinen festen Wechselkursen unsinnig war, ist der Wunsch schwächerer Län-

---

[29] Die Euro Katastrophe, *Polar Film + Medien*, 1998, Videokassette.

---

der durchaus einleuchtend, die D-Mark beseitigen zu wollen, um in der Europäischen Zentralbank dann mehr Einfluss auf die Politik ausüben zu können, als es über die schwache Währung je möglich gewesen wäre.

Die Währungsunion war also von Anfang an nie ökonomisch fundiert, sondern der politische Wunsch vieler europäischer Staaten, die D-Mark abzuschaffen.

»Es gibt keine Währungsunion ohne Transferunion.«

Professor Wilhelm Nölling, ehemaliger Präsident
der Landeszentralbank Hamburg[30]

Wechselkurse, Transferunion und Arbeitslosigkeit

Die Auswirkungen einer Einheitswährung wie dem Euro auf Wechselkurse, Transferunion und Arbeitslosigkeit sind extrem weitreichend und
äußerst komplex – und werden daher oft nicht richtig verstanden. Leider
gingen selbst die Experten in ihrem Buch *Die Euro-Klage* viel zu wenig
auf das eigentliche Argument gegen die Einheitswährung ein – die Funk-
tionsweise von Wechselkursen. Dabei wird unterschieden zwischen zwei
Arten von Wechselkursen, nämlich flexiblen und festen, wobei die flexiblen als Puffer zwischen unterschiedlichen Währungsgebieten dienen.
Die Professoren schrieben wie folgt: »Bewegliche Wechselkurse sind das
Ventil für ungleiche Strukturen und Politikformen. Werden dagegen stabile Wechselkurse vereinbart, so müssen auch Vereinbarungen über die
jeweilige Geld- und Finanzpolitik getroffen werden.« Das heißt, wie später noch näher beleuchtet wird, dass festgelegte Wechselkurse – und erst
recht eine Einheitswährung – nur dann funktionieren können, wenn die
beteiligten Staaten gleich strukturiert sind und eine sehr ähnliche Politik betreiben. Spannungen könnten in solch einem System also nur dann
gelöst werden, wenn unter den Mitgliedern Solidarität herrschte. Mit
Recht wiesen die bereits genannten Professoren aber darauf hin, dass
diese Solidarität nicht einmal innerhalb Deutschlands richtig greift, wie
die ständigen Streitereien um den deutschen Länderfinanzausgleich be-
legen.

Der große Haken an der Währungsunion ist immer noch die Tatsache,
dass eine Geldpolitik auf alle unterschiedlichen Länder passen muss,
wenn das System funktionieren soll. Nachfolgend einige Auszüge aus dem
Buch: »Es würde sich aber bald herausstellen, dass die uniforme Anwen-

---

[30] Die Euro Katastrophe, *Polar Film + Medien*, 1998, Videokassette.

dung der geldpolitischen Instrumente – also im Wesentlichen ein Leitzins zur Steuerung aller Geldaggregate – für alle Länder, Regionen und Sektoren der neuen Währungsgemeinschaft ... der Vielfalt der ökonomischen Landschaft und ihrer Dynamik nicht gerecht werden kann.« Des Weiteren: »Eine Wirtschaftsgemeinschaft von diesem Zuschnitt, die sich einer einheitlichen Geldpolitik unterwirft, steht vor folgendem Dilemma: Eine kontraktive Geldpolitik ist für einige Mitgliedstaaten zu schmerzhaft und für andere wiederum erträglich beziehungsweise sogar leicht erträglich. Schaltet die Geldpolitik hingegen auf Expansion um, dann ist die Zinslockerung für die einen zu gering und für die anderen möglicherweise viel zu weitgehend.« Und das führt unweigerlich zu einer Rezession für die schwächeren Staaten.

Zur Bedeutung der flexiblen Wechselkurse, welche nun abgeschafft wurden, hieß es: »Wechselkurse und Zinsen wirken damit wie ein Fieberthermometer, das den politischen und wirtschaftlichen Gesundungs- oder Krankheitsprozess anzeigt. Das Thermometer abzuschaffen ist kein Beitrag zu einem volkswirtschaftlichen Gesundungsprozess.«

Das große Problem bei der Abschaffung der Wechselkurse ist den Professoren zufolge der Zwang zu einer Transferunion, dass also die stärkeren Staaten die schwächeren finanziell unterstützen müssen. Sie schrieben dazu: »Dann könnten sich die nationalen Parlamente gezwungen sehen, einer solchen Entwicklung gegen ihren eigentlichen Willen zuzustimmen – das ist Euro-Sozialismus durch die Hintertür! – (d.h. sie können die Entwicklung parlamentarisch nicht mehr kontrollieren und steuern) –, weil bei Verweigerung von Ausgleichszahlungen mit der Aufweichung der Geldpolitik, einem Verfall des Außenwertes des Euros oder mit einem Auseinanderbrechen der Währungsunion gerechnet werden müsste.« Ein Hauptgrund für Transferlasten besteht in der Festlegung von Wechselkursen sowie vor allem in der Tatsache, dass es diese Einheitswährung gibt, denn durch Wegfall der Abwertungsmöglichkeit einer eigenen Währung wird die Wettbewerbsposition der schwächeren Länder auf dem Weltmarkt zerstört. Weil in der Währungsunion die Preise und Löhne vergleichbar werden, wird sich bei den schwächeren Staaten ein Anspruchsdenken entwickeln, den höheren Lebensstandard stärkerer Staaten auch haben zu wollen. Dies werde den Professoren zufolge die jeweiligen Regierungen unter Druck setzen, was sich auch in den Entscheidungen der EZB widerspiegeln müsse. Ohne regulierende Wechselkurspuffer werde sich der Ausgleich für die unterschiedliche wirtschaftliche Entwicklung der Staaten auch in großen Wanderungsbewegungen der Bevölkerung zeigen, wie in Die *Euro-Klage* zu lesen ist: »Es muss mit verstärktem Zuzug aus den Billiglohnländern des gemeinsamen Binnenmarktes und demzufolge auch mit verstärktem Druck auf das national hohe Tarif- und Sozialsystem gerechnet werden. Die ... geschwächte Verhandlungsposition der Gewerkschaften gegenüber den Arbeitgebern wird sich weiter verschlechtern. Die Finanzlage der sozialen Ausgleichssysteme wird sich weiter verschlechtern ...« Durch die Einheitswährung wird es also zu einem deutlichen Druck auf die Löhne und höhere Arbeitslosigkeit kommen. Die treibenden Kräfte, welche für den Euro eintreten, sind deshalb laut Aussage der Professoren: »Es ist angesichts dieser leicht vorauszusehenden Perspektiven durchaus verständlich, warum sich Großunternehmen und Arbeitgeberverbände so stark für den Euro und seinen frühestmöglichen Start engagieren. ... Die Euro-Begeisterung von Gewerkschaften und linken Oppositionsparteien ... [hingegen] ist schwer verständlich. Gerade der von ihnen vertretene Teil der Gesellschaft – das Arbeitnehmerlager – ... gerät unter Druck.« Und weiter: »In hochproduktiven Hochlohnländern wie vor allem Deutschland kommt es aufgrund der Lohnkonkurrenz aus den arbeitskostenbilligeren Ländern der Europäischen Union zu Lohndruck und Entlassungen. Der Effekt auf das etablierte Sozialsystem kann nur der sein, dass es vollends unfinanzierbar wird ...« Doch trifft die Arbeitslosigkeit nicht nur die stärkeren Länder, sondern auch die schwächeren, weil diese ihren Wettbewerbsvorteil durch Währungsabwertung verlieren, wie *Die Euro-Klage* verrät: »Auch in den weniger produktiven Billiglohnländern der Währungsunion muss man mit verstärkter Arbeitslosigkeit rechnen – dann nämlich, wenn es dort zu massiver Lohnangleichung nach oben ... oder wegen überhöhter Lohnstückkosten zu forcierter Rationalisierung kommen sollte.« Die Argumente der Euro-Befürworter, wir bräuchten eine Einheitswährung, um eine europäische Integration zu ermöglichen, werden von den Professoren mit dem Argument entkräftet, dass diese Entwicklung unabhängig vom Währungsverbund ist. Dazu wörtlich: »Die in der ganzen Nachkriegszeit fast ohne Stockungen vorangeschrittene Integration ... hat einer Währungsunion nicht bedurft. Die Folgerungen liegen auf der Hand: Auch ohne Währungsunion würde die Integration fortschreiten, um die möglichen komparativen Vorteile vermehrter Arbeitsteilung zu gewinnen.« Weiter verweisen sie auf die asiatischen Länder, die zeigen, dass eine Integration keiner gemeinsamen Währung bedarf. Genauso wird hervorgehoben, dass Krisensituationen sich viel leichter einzelstaatlich lösen lassen als zusammen: »Auch wird sich die gegenwärtige Krise [die Asienkrise 1998] dieser Staaten – im Wesentlichen eine Folge ihrer einseitigen Währungsanbindung an den US-Dollar auf einem zu hohen, falschen oder falsch gewordenen Niveau – individuell, also auf Einzelstaatsniveau, rascher und folgenloser überwinden lassen als kollektiv. Denn jedes Land muss nur seinen Wechselkurs der Situation des eigenen Landes anpassen und braucht nicht zu warten, bis der für alle gemeinsame Währungskurs wieder stimmt.« Das bedeutet, dass viele Einzelwährungen in einer Krise letztlich stabiler sind als eine Einheitswährung – umgekehrt der Euro also auf jeden Fall krisenanfälliger sein wird.

»Newsweek hat das Phänomen ... wie folgt beschrieben: ›Die Deutschen wollen den Euro nicht, aber sie lassen sich zum Euro hinführen wie die Lämmer zur Schlachtbank.‹«

Professor Joachim Starbatty, Ökonom[31]

Die Ausbeutung Deutschlands

Mit der Euro-Einführung war außerdem die Ausbeutung Deutschlands verbunden. Dementsprechend schreiben die Professoren in ihrem ersten gemeinsamen Buch, dass die bevorstehenden Transferlasten bewusst von den Euro-Befürwortern verschwiegen wurden: »Es gehört zu den Taschenspielertricks der Euro-Befürworter, dass sie diese schwerwiegenden finanziellen Doppelprobleme unter Hinweis auf nicht getroffene Regelungen im Vertrag schlicht leugnen. Die Politiker hatten früh erkannt, dass eine Währungsunion nicht verkauft werden kann ... wenn man den Völkern der wirtschaftlich bessergestellten Teilnehmerländer von vornherein reinen Wein über die zwingende Notwendigkeit finanzieller Transfers in beträchtlicher Größenordnung eingeschenkt hätte. Alle Hoffnungen und Erwartungen richten sich, wie bisher, naturgemäß auf Deutschland, das sowieso schon die größte Nettozahlerposition in der EU einnimmt.« Das bedeutet für uns, dass wir in Zukunft für den guten Teil der Unterstützungshilfen in Europa aufkommen müssen, was selbstverständlich mit steigenden Steuern und Abgaben verbunden sein wird. Deutschland wird sich kaum gegen diese Lasten wehren können, wie die Professoren voraussagten: »Dass Deutschland darüber hinaus noch erheblich mehr wird zahlen müssen, wird durch drei Argumente gestützt: erstens, die Abneigung aller anderen Teilnehmerländer, ihren gerechten Anteil zu zahlen, dürfte kaum zu überwinden sein; zweitens, die begünstigten Empfängerländer werden sich mit Händen und Füßen dagegen wehren, Kürzungen in den Struktur- und Kohäsionsfonds hinzunehmen; drittens dürfte es schwer sein, das Argument von der Hand zu weisen, dass das größte Land der EU, das am stärksten in die Wäh-

---

[31] Die Euro Katastrophe, *Polar Film + Medien*, 1998, Videokassette.

rungsunion drängt und sich brüstet, die größten Vorteile daraus zu ziehen, auch bitteschön dafür zahlen muss.«

Zu diesen direkten Lasten kommt noch, wie beschrieben, der Wegfall des bisherigen teilweise üppigen Bundesbankgewinnes. Die Experten warnen deshalb vor Defiziten und zusätzlichen Lasten: »Vor den Folgen der Währungsunion für die Entleerung der Finanzen der öffentlichen Hände muss dringend gewarnt werden. Der Bedarf an Mitteln für die Erfüllung der öffentlichen Aufgaben in Deutschland, für die Finanzierung der Vereinigungsfolgen, für die finanziellen Konsequenzen der Währungsunion sowie der fest beschlossenen Osterweiterung wird die Wirtschaftskraft Deutschlands überfordern.«

»Die Einheitswährung in Europa, egal ob sie ECU oder Taler heißt, wird in Tränen enden.«

Neil McKinnon, Citibank London[32]

Dilettantismus und Desinformation

Trotz all der genannten überdeutlichen Gefahren hielten und halten die Politiker weiterhin an dem längst ökonomisch widerlegten »Projekt Euro« fest. Dagegen wetterten die Professoren: »Wer eine solche Politik betreibt und die Augen vor der deutschen Finanzmalaise verschließt, wird sich später gezwungen sehen, weiteren finanziellen Forderungen im Rahmen der Währungsunion nachgeben zu müssen, um noch Schlimmeres zu verhüten. Auf diese Weise wird das Land finanziell ruiniert.« Dass die Verantwortlichen dabei überaus deutlich ihre Inkompetenz beim Verständnis der wahren Zusammenhänge an den Tag legten, wurde wie folgt kommentiert: »Dieses Gespür oder die absolut notwendige Kenntnis über den Schwierigkeitsgrad der Operation haben weder die Bundesregierung noch die Parteien oder Tarifvertragsparteien gehabt, wie die geradezu unglaublichen Plattheiten der Befürwortenden aussagen und die so gut wie immer fehlende Auseinandersetzung mit den Erfordernissen, Risiken und Problemen einer Währungsunion in geradezu bestürzender Weise zeigen.« Vor allem der frühere Bundeskanzler Kohl wird kritisch beleuchtet und mit den Worten bedacht: »Hierzu passend und Inhalt und Stil der Informationspolitik der Bundesregierung von Anfang an prägend war die Haltung des Bundeskanzlers. Er ist seit 1991 nie müde geworden, ohne je über die Sache kritisch zu reflektieren in geradezu beängstigender Besessenheit und Risikobereitschaft auf die Abschaffung der D-Mark ab 1. Januar 1999 spätestens zu bestehen. So sagte er im Deutschen Bundestag am 13. Dezember 1991: ›Wir werden auf alle Fälle entweder 1997 oder 1999 die Währungsunion erreichen.‹« Gerade Deutschland, das Land, das unter der Einheitswährung am meisten zu leiden haben wird, hat sich also am meisten für den Euro eingesetzt. Dazu die Professoren: »Deutschland hat wie kein anderes Land der

---

[32] Was tun, wenn die D-Mark stirbt?, *Polar Film + Medien,* 1996 Videokassette.

Europäischen Union der Abschaffung seiner Währung ohne sachkundige Debatten und ohne intensive Auseinandersetzungen über das Für und Wider mehr oder weniger lethargisch und tatenlos zugesehen.« Weiterhin zitieren die Professoren aus den angesehenen Fuchs-Briefen, die darlegten, wie Euro-Kritiker ausgesperrt und die Presse manipuliert wurden: »Hinter den Kulissen der Öffentlichkeit(-sarbeit) wird mit den härtesten Bandagen ›Gesinnungsterror‹ (so ein angesehener Zentralbanker) betrieben. Ein paar Beispiele: Die ›Aufklärung‹ über den Euro liegt fast vollends in der Hand der Großbanken. Sie sind neben der Industrie nachweislich die Hauptprofiteure eines europäischen Wirtschaftsraums. Auf gesponserten Panels werden Euro-Skeptiker von vornherein ausgeschlossen, Einladungen zurückgezogen, wenn man versehentlich auf ›falsche‹ Gesichter gesetzt hat. Mit einem kaum zu überbietenden Sarkasmus reagieren selbst angesehene, hochstehende Bankmanager oder Verbandsfunktionäre. Sie kennen die Risiken des Euros sehr gut ... wollen aber ihre Karriere nicht gefährden. Ergebnis: Selbstverleugnung vor dem Mikrofon! Die deutsche Presse steht ebenfalls unter der Knute der ›political correctness‹. In angesehenen Magazinen wie *Capital* haben Euro-Skeptiker Schreibverbot. Das ZDF lädt hauptsächlich Euro-Befürworter vor die Kamera, die BILD-Zeitung wurde von Bonn auf Kurs gebracht. ... Journalisten werden von Ministern unter Druck gesetzt: Allzu skeptische Artikel führen zur Interviewverweigerung.« Es wird weiterhin auf die *Neue Zürcher Zeitung* verwiesen, welche die Euro-Befürworter ausdrücklich als »Anhänger der währungspolitischen Gleichschaltung« bezeichnete.

Von der Politik wurde die Euro-Diskussion einhellig abgeblockt, wie die Professoren kritisierten: »Amtlicherseits ist von Bonn aus jeder Zweifel unterdrückt und bekämpft worden, als ob wir eine demokratische Streitkultur gerade an dieser Stelle am wenigsten brauchen könnten. So hat der Bundespräsident ausdrücklich gefordert, die Debatte zu führen sei ›sehr gefährlich‹ und das Thema müsse aus Wahlkämpfen herausgehalten werden. Der Außenminister ließ vernehmen, dass jede Kritik an der Währungsunion ›leichtfertig‹, ›populistisch‹ und ›unverantwortlich‹ sei.«

Entgegen dem Willen der breiten Bevölkerung, die D-Mark zu behalten, setzten und setzen die Verantwortlichen weiter alle Macht ein, um das ungeliebte Projekt zu vollenden, weshalb die Professoren auf die tiefe Spaltung unseres Landes verwiesen: »Aus unserer Klageschrift wird deutlich, dass es genügend volkswirtschaftliche Anhaltspunkte für die Richtigkeit der Einschätzung einer erdrückenden Mehrheit der Bevölkerung gibt, die Banken und Industrie zu den Gewinnern zählt und die Verbraucher und Arbeitnehmer auf der Straße der Verlierer sind. Wenn man bedenkt, dass sich in Deutschland Bundesregierung, demokratische Parteien, Arbeitgeber, Unternehmer und Gewerkschaften, vor allem auf der Funktionärsebene, so gut wie kritiklos zur schnellen Einführung des Euros bekennen, dann wird die tiefe Spaltung unseres Landes in dieser Existenzfrage offensichtlich.« Zur Aushandlung des Maastrichter Vertrages – also zur Euro-Einführung – wurde laut den Professoren offenbar nicht einmal die Deutsche Bundesbank informiert, denn sie schrieben: »Die Öffentlichkeit in Deutschland, der Deutsche Bundestag und vor allem die Deutsche Bundesbank wurden über die Absicht der Bundesregierung, sich während der Verhandlungen in Maastricht auf ein festes Verfallsdatum der deutschen Währung zu einigen, nicht informiert.« Es wurden also ganz gezielt Entscheidungen getroffen, die nicht demokratischen Gepflogenheiten entsprechen.[33]

Leider sind die Professoren bei ihrer Klage nicht tief genug auf unser marodes Finanzsystem eingegangen. Insbesondere konzentrierten sie sich viel zu sehr auf das haltlose Inflationsargument oder die unwichtigen Stabilitätskriterien. Demgegenüber wurden die entscheidenden Geldfunktionen, insbesondere die Wechselkurse, nur am Rande betrachtet.

Die Klage wurde in der eingereichten Form, wie nicht anders zu erwarten war, vom Bundesverfassungsgericht am 2.4.1998 als »offensichtlich unbegründet« abgelehnt.

Das Inflationsargument gegen den Euro war jedoch von vornherein nicht triftig genug und lenkte nur von den eigentlichen Problemen des Euros ab. Um die unweigerlichen Folgen der Euro-Einführung voll zu verstehen und Gegenmaßnahmen zu entwickeln, ist es deshalb unverzichtbar, sich über diese grundlegenden Gesetzmäßigkeiten klar zu werden.

---

[33] Die Euro-Klage, *Rowohlt Verlag*, 1998.

Der Euro – eine ökonomische Unmöglichkeit

*»Währungsunion heißt Haftungsgemeinschaft, und wer das ver-
leugnet, der belügt das Publikum.«*

Professor Joachim Starbatty, Ökonom[34]

Wie wir im vorigen Kapitel sehen konnten, sind viele »Experten« alles
andere als unabhängig oder verfügen keineswegs über die nötige Denkweise, um die Vorgänge voll zu durchschauen. Auf die Aussagen solcher
Personen sollte deshalb nicht allzu viel Gewicht gelegt werden. Wichtig
ist vielmehr, sich darüber klar zu werden, was eine Währung ist, warum
verschiedenartige Länder unterschiedliches Geld haben und dieses auch
brauchen. Weiterhin sollte geklärt werden, warum eine Einheitswährung
für verschiedenartige Staaten nie funktionieren kann und in welche Katastrophe der Euro führen muss.

Was ist eine Währung?

Geld ist, wie noch in einem späteren Kapitel erläutert wird, ein gesetzliches
Zahlungsmittel, ausgedrückt in Münzen und Banknoten. Demgegenüber
sind Bankguthaben (Buchgeld, Giralgeld) nur Forderungen auf Bargeld, lei-
ten sich also vom Bargeld ab. Diese Geldforderungen sind letzlich Versprechen von Banken, diese Guthaben jederzeit in Form von Bargeld wieder
auszahlen zu können – sie sind jedoch nicht von sich aus Geld. Deutlich
wird dieser Unterschied zwischen richtigem Bargeld und Geldforderungen darin, dass bei einer Banken-Pleitewelle sofort wieder nur noch Barzahlungen angenommen würden. Genauso wenig, wie man Gutscheine eines

---

[34]   Die Euro Katastrophe, *Polar Film + Medien*, 1998, Videokassette

Kaufhauses »Geld« nennen würde, können Geldversprechen von einzelnen Personen oder Banken als richtiges Geld bezeichnet werden.

So oft der Begriff »Währung« auch gebraucht wird, so wenige Menschen wissen eigentlich, was damit gemeint ist. Das Wort kommt aus dem mittelhochdeutschen »werunge« und bedeutete so viel wie Gewährleistung für Gewicht und Feinheit der Münzen. Heute wird damit die Ordnung der Geldverfassung eines Landes bezeichnet, beziehungsweise die innerhalb eines Staates durch Gesetz und Geldsystem festgelegte Geldeinheit.[35] Das entscheidende Kriterium lautet also, dass jedes Geld auf einen definierten Staat beschränkt ist. Die Staatenbildung wiederum ist aus der geschichtlichen Entwicklung erklärbar, oder vereinfacht gesagt schlossen sich hier Menschen gleicher Sprache, Denkweise und Arbeitsmoral in ähnlicher Umgebung zusammen, um eine gemeinsame Organisationsform und im weiteren Verlauf ein eigenes Tauschmittel zu begründen. Unterschiedliche Länder gaben sich also auch verschiedenartige Währungen. Heute werden diese verschiedenartigen Währungsgebiete als »überkommener Luxus« bezeichnet, der durch die Einführung des Euros in Europa so schnell wie möglich beseitigt werden müsse. Wer darauf hinweist, dass die unterschiedlichen Zahlungsmittel sogar zum Wohlergehen der Völker notwendig sind, bekommt kaum Gehör.

---

[35] Lexikon, *Lingen Verlag*, S.A. Brockhaus, Wiesbaden 1974.

»Maastricht, das ist Versailles ohne Krieg.«

Le Figaro, führende französische Zeitung[36]

Unterschiedliche Staaten brauchen verschiedene Währungen

Was bei der Euro-Diskussion ganz übersehen wurde, ist die Tatsache, dass die Länder in Europa völlig unterschiedliche Gegebenheiten aufweisen. Dazu gehören unter anderem die Strukturierung der Wirtschaft (überwiegend landwirtschaftlich beziehungsweise industriell), das Klima (kalt, gemäßigt oder heiß) und auch die Einstellung zur Arbeit (z.B. mehr oder weniger zu Streiks neigend). Ein eigener Währungsraum hat nun die Aufgabe, jedes dieser unterschiedlichen Gebiete wirtschaftlich zu stabilisieren. Der Ausgleichsfaktor oder Währungspuffer ist der freie Wechselkurs. Der Wechselkurs macht eine Aussage darüber, wie viele Geldeinheiten des einen Staates aufgebracht werden müssen, um eine Geldeinheit eines anderen Währungsraumes zu erhalten. Es wird also damit ausgedrückt, wie viele Deutsche Mark beispielsweise jemand für einen Dollar bezahlen muss, wenn er D-Mark in US-Dollar tauschen möchte. Wie bereits erwähnt, unterscheidet man hier zwischen einem flexiblen und festen Wechselkurs. Wird der Währungspuffer – oder sogar das eigenständige Zahlungsmittel eines Staates – beseitigt, so hat dies, wie ich noch zeigen werde, fatale Auswirkungen auf die künftige Entwicklung des Landes. Grundsätzlich gibt es drei Währungsmodelle zwischen den Staaten:

flexible Wechselkurse
feste Wechselkurse
Einheitswährung (Euro)

Die Einheitswährung ist dabei die verschärfte Form eines Systems mit festen Wechselkursen. Wobei das Funktionieren einer Einheitswährung wie

---

[36] Die Euro Katastrophe, *Polar Film + Medien*, 1998, Videokassette.

dem Euro erst einmal das Funktionieren von festen Wechselkursen erfordert, wie wir noch sehen werden.

Zuerst sollte hier die Funktion von Wechselkursen auf die Wirtschaft unterschiedlich strukturierter Staaten geklärt werden.

»Denn freie Wechselkurse haben bisher nicht eine einzige Wäh-rungskrise ausgelöst. Im Gegenteil: Sie sind ein Ventil, um unter-schiedliche Wirtschaftsentwicklungen in den Ländern auszuglei-chen. Wird dieses Ventil durch feste Wechselkurse geschlossen, staut sich Reformbedarf auf und entlädt sich wie in Brasilien oder Thai-land schließlich in einem Crash.«

Die Welt, 19.2.1999

Die selbstregulierende Ordnung mit flexiblen Wechselkursen

Ein flexibler Wechselkurs bedeutet, dass der Austauschkurs zwischen zwei Währungsgebieten nicht festgelegt wird und dass auch nicht ver-sucht wird, diesen in irgendeiner Weise künstlich zu beeinflussen. Er un-terliegt also den Marktkräften von Angebot und Nachfrage. Wird eine Währung verstärkt nachgefragt, so steigt der Preis für dieses Geld, also der Wechselkurs. Würden mehr Bürger ihre ersparte D-Mark in US-Dol-lar wechseln, müsste der US-Dollar im Kurs steigen; es wären also immer mehr D-Mark nötig, um einen Dollar zu erhalten.

Je nach wirtschaftlicher Entwicklung der Länder, pendelt sich dann der Kurs auf unterschiedlichen Niveaus ein und gleicht so die Wirt-schaftsschwankungen der Staaten untereinander aus. Was bedeutet das?

Betrachten wir beispielsweise zwei Länder mit sehr unterschiedlicher Wirtschaftsentwicklung, die einen flexiblen Wechselkurs zueinander haben. In einem starken Industrieland wächst die Wirtschaftsleistung schneller als in einem schwachen Staat (z.B. Entwicklungsland). Wegen des größeren Wirtschaftswachstums im Industrieland ist dieses für den international orientierten Investor attraktiver, weil hier höhere Gewinne zu erwarten sind. Da nun mehr Kapital in den Industriestaat fließt, dessen Währung also attraktiver wird, steigt der Preis für das Geld dieses Landes. Entsprechend muss der Wechselkurs des Entwicklungslandes zum Industrieland sinken.

Der Austauschkurs der Währung beeinflusst nun entscheidend den Außenhandel eines Landes: Ein steigender Wechselkurs bedeutet, dass die Exporte schwieriger werden, weil das Ausland mehr eigene Währung aufwenden muss, um das aufgewertete Geld des Industrielandes für den Warenkauf zu erhalten – die Produkte dieses Staates werden also für das Ausland teurer, auch wenn sich am Preisniveau im Inland nichts verändert hat. Gleichzeitig werden Importe für den Staat attraktiver, weil die aufgewertete Währung es erlaubt, im Ausland billiger einzukaufen. Im Ergebnis führt also eine Aufwertung dazu, dass die Exporte sinken und die Importe steigen.

Genau umgekehrt sieht es für das Entwicklungsland aus, dessen Währung im Kurs gefallen ist: Für diesen Staat werden die Ausfuhren einfacher, da das Ausland durch den günstigeren Umtauschkurs billiger einkaufen kann. Gleichzeitig werden die Einfuhren in das Entwicklungsland erschwert, weil mehr eigene Währung aufgewendet werden muss, um die Güter im Ausland zu kaufen, die Waren also für das Entwicklungsland effektiv teurer werden. Eine Abwertung einer Währung führt also dazu, dass die Exporte zunehmen und die Importe sinken.

Der Regelmechanismus Wechselkurs

Der Wechselkurs hat nun eine ausgleichende Wirkung zwischen den beiden Staaten: Je mehr das Industrieland importiert, desto stärker steigt die Nachfrage nach der Währung des (exportierenden) Entwicklungslandes, womit der Wechselkurs für das Industrieland wieder zu sinken beginnt. Die vermehrten Exporte des Entwicklungslandes führen also zu einem Kapitalzufluss, weil das Ausland (Industrieland) für seine Käufe vermehrt das Geld des Entwicklungslandes benötigt.

Der flexible Wechselkurs verändert sich somit ständig und führt letztlich dazu, dass Importe und Exporte sich auf einem angeglichenen Niveau einpendeln, auch wenn insgesamt die wirtschaftliche Entwicklung der beiden Staaten unterschiedlich schnell verläuft. Auch die USA sind übrigens ein Paradebeispiel für ein massives Handelsbilanzdefizit. Das liegt daran, dass der Dollar künstlich hochgehalten wird und Importe aus China und anderen Schwellenländern für die USA billig sind. Zu den Ursachen für die starke Dollar-Unterstützung gehört, dass zum Beispiel Öl und andere Rohstoffe am Weltmarkt fast ausschließlich in Dollar gehandelt werden.

Beim flexiblen Wechselkurs handelt es sich also um eine Ordnung, die sich selbst reguliert, ähnlich einem Thermostat, der die Temperatur in einem Raum regelt. Fällt die Temperatur, so schaltet der Thermostat die Heizung an, steigt sie über die eingestellte Grenze, so wird die Heizung gedrosselt und damit die Temperatur in einem konstanten Bereich gehalten.

Ähnlich ist die Wirkungsweise des flexiblen Wechselkurses auf den Außenhandel der Länder: Steigt der Austauschkurs einer Währung, so entfalten die zunehmenden Importe beziehungsweise steigenden Exporte des Auslandes eine regulierende Gegenkraft.

Ein weiterer Regelmechanismus ist der flexible Tauschkurs an sich: Fällt der Kurs einer schwachen Währung, so verhindert eben dieser Kursverfall letztlich ein Abwandern von Kapital aus diesem Land. Für den im schwachen Land investierten Kapitalbesitzer, der schnell in eine andere Währung wechseln möchte, um der Abwertung zu entgehen, bedeutet das: Er muss mit zunehmender Abwertung immer mehr Geld des abwertenden Landes aufwenden, um in eine andere Währung wechseln zu können – es erscheint also für ihn immer weniger lukrativ, sein Geld überhaupt zu wechseln. Schließlich fällt der Kurs nur noch schneller, je mehr Geld in dem schwachen Land gewechselt wird. Es handelt sich damit um einen sich selbst steuernden Regelmechanismus. Bei flexiblen Wechselkursen kann es deshalb keine Kapitalflucht geben, weil diese für das flüchtende Kapital zu große Verluste bedeuten würde. Hätten beispielsweise Russland oder Argentinien vor der Währungskrise freie Wechselkurse gehabt, dann wären eine Kapitalflucht und die daraus folgenden schweren Schäden unmöglich gewesen. Die Abwertung der Währung allein hätte das Umtauschen des russischen Rubels beziehungsweise des argentinischen Pesos in den US-Dollar zunehmend teurer und damit immer weniger attraktiv gemacht und letztlich die Kapitalflucht gänzlich unterbrochen. Stattdessen versuchte damals die russische Notenbank, den Wechselkurs des Rubels zum US-Dollar zu halten, indem sie ihre Devisenreserven einsetzte und die eigene Währung stützte. So konnten die großen Kapitalbesitzer über einen längeren Zeitraum ihr Geld verlustfrei in Dollar wechseln, und das Kapital wurde tatsächlich aus dem Land abgezogen – bis die Reserven verpulvert waren.

Auch anhand der Lohnstückkosten wird die Funktion des flexiblen Wechselkurses deutlich: Die Lohnstückkosten sind ein Maß dafür, wie viel Lohn in einer Volkswirtschaft investiert werden muss, um Güter zu produzieren. Wenn also ein Land im Vergleich zu einem anderen steigende Lohnstückkosten aufweist, fällt es wirtschaftlich letzten Endes zurück. Für den Kapitalinvestor ist solch ein Land weniger attraktiv, da die zu erwartenden Gewinne im Vergleich zu den Lohnkosten geringer sind als in einem Staat mit nur geringer Lohnstückkostensteigerung.

Man unterscheidet hier zwischen sogenannten nominalen Lohnstückkosten, also den Beträgen, welche in der jeweiligen Inlandswährung ausgedrückt werden, und sogenannten realen Lohnstückkosten, also dem Betrag in einer Auslandswährung entsprechend dem Wechselkurs.

Um die unterschiedliche wirtschaftliche Entwicklung verschiedener Staaten darzustellen, muss man sich die nominalen Lohnstückkosten ansehen, also den Wechselkurseinfluss außer Acht lassen. Interessant ist hier die Entwicklung in Europa.

Wie aus Abbildung 1 ersichtlich wird, entwickeln sich die nominalen Lohnstückkosten innerhalb Europas sehr stark auseinander. Während sie in Deutschland relativ konstant blieben, gab es in Frankreich zwischen Mitte der siebziger und Mitte der achtziger Jahre einen starker Anstieg. Noch extremer sieht es für wirtschaftlich schwache Länder wie Spanien und Italien aus: Hier hält der Anstieg der nominalen Lohnstückkosten

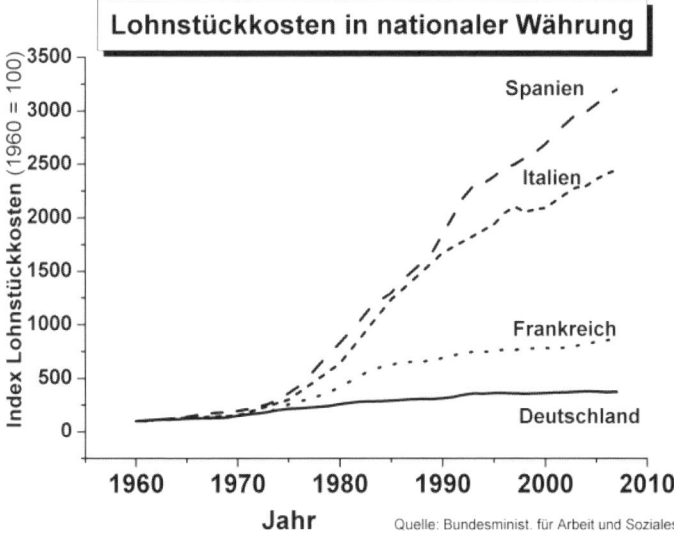

Abb. 1: Nominale Lohnstückkosten ohne Berücksichtigung des Wechselkurses

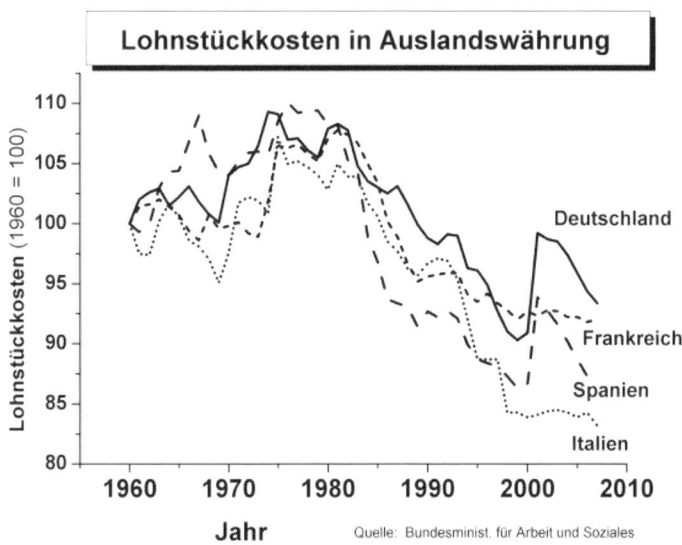

Abb. 2: Reale Lohnstückkosten bei Berücksichtigung der Wechselkurse

bis in die heutige Zeit unvermindert an. Dies ist ein Indiz dafür, wie sehr sich viele Staaten innerhalb Europas auseinanderentwickeln. Dass die schwachen Länder in einem System flexibler Wechselkurse jedoch auch ihr Auskommen finden, wird deutlich, wenn man für die Lohnstückkosten noch die Wechselkurse einbezieht und die sogenannten realen Lohnstückkosten erhält (siehe Abbildung 2).

Durch die wiederholten Abwertungen konnten sich die schwachen Länder wie beispielsweise Spanien oder Italien trotz steigender nominaler Lohnstückkosten weiter auf dem Weltmarkt etablieren. Durch die Abwertung der Währungen wurden die Produkte der schwachen Staaten für das Ausland wieder effektiv billiger und verstärkt nachgefragt, die Exporte konnten also ausgedehnt werden. Ganz anders sieht es aus, wenn man diesen Ausgleichsmechanismus versperrt.

*»Die künstliche Stabilisierung von Wechselkursen ist gefährlich
und kann zu einer Explosion führen.«*

Hans Tietmeyer, ehemaliger Bundesbankpräsident zur Asienkrise[37]

Feste Wechselkurse führen in die Krise

Ein fester Wechselkurs bedeutet, dass ein Land den Tauschkurs seiner
Währung zu einer anderen fixiert und mit Notenbankinterventionen zu
verteidigen versucht. Ein System, welches auf einem festen Wechselkurs aufbaut, gleicht einem gesperrten Thermostaten, der die Temperatur in einem Raum nicht mehr regulieren kann, sondern eine konstante
Heizleistung beibehält, unabhängig davon, wie sich die Umgebungstem-
peratur verändert. Das funktioniert so lange, wie die dem Raum zuge-
führte Wärme exakt der Wärmeabgabe entspricht. Sollte diese jedoch
größer oder kleiner werden (Winter/Sommer), so gerät das System man-
gels Steuerungsmechanismus aus dem Gleichgewicht. Im Sommer würde die Heizung zusätzlich heizen, statt abzuschalten, im Winter wäre die
Heizleistung hingegen zu gering, und der Raum würde zu stark abküh-
len.

Ähnlich verhält es sich bei einem Währungspaar mit festem Wechselkurs:
So lange sich die beiden betroffenen Länder im gleichen Maße weiterent-
wickeln, ist keine Wechselkursanpassung nötig – auch ein flexibler Wechselkurs würde hier konstant bleiben. Wird das Gleichgewicht jedoch
dahingehend gestört, dass ein Land plötzlich einen stärkeren Wirtschafts-
zuwachs, eine höhere Inflation oder einen stärkeren Kapitalzustrom aufweist, so kommt es zu einer Reihe von Ungleichgewichten.

Häufig wird der Fehler begangen, gerade die festen Austauschkurse mit
Stabilität gleichzusetzen, was sich jedoch bald in einer Währungskrise als
Trugschluss herausstellt.

---

[37] *Börsen Zeitung*, 16.9.1998.

So meinte etwa der ehemalige französische Staatspräsident Jacques Chirac, dass man auf Dauer kein System ständig schwankender Wechselkurse hinnehmen und nicht auf finanzielle Stabilität in der Welt hoffen dürfe, solange schwankende Wechselkurse akzeptiert würden.[38] Was Chirac hier übersah, ist die Tatsache, dass Wechselkursänderungen nur Anzeigeinstrumente dafür sind, dass sich verschiedene Staaten auseinanderentwickeln und die Abschaffung dieser Instrumente keineswegs die Probleme löst, sondern sogar noch weiter verstärkt.

Empirische Studien haben ergeben, dass Länder mit flexiblen und stark schwankenden Wechselkursen keine grundsätzlich andere Wirtschaftsentwicklung hatten als Länder mit stabileren Kursen. Im Gegenteil zeigten sich die Wechselkursänderungen als Puffer zur Abfederung exogener Störungen, etwa hoher Inflation oder einem Konjunktureinbruch bei wichtigen Auslandspartnern.[39]

Feste Wechselkurse zwischen ungleichartigen Staaten enden früher oder später immer in einer Krise. Man könnte den Vorgang auch mit einem Luftballon vergleichen, dessen Luftregulation verstopft ist und deshalb immer weiter aufgeblasen wird und irgendwann mit einem lauten Knall platzen muss. Genauso führen die Festkurssysteme zu immer mehr Ungleichgewichten in der Wirtschaft, bis es zu einem katastrophalen Zusammenbruch kommt.

---

[38] *Handelsblatt interaktiv*, 19.2.1999.
[39] *Rheinischer Merkur*, 19.2.1999.

»Wenn Leute wie ich ein Währungssystem stürzen können, stimmt das System nicht.«

George Soros, Spekulant

Zunehmende Spannungen

Das zuerst sichtbare Problem des festgesetzten Tauschkurses ist das steigende Missverhältnis zwischen Import und Export: Da in unserem Beispiel das Entwicklungsland immer mehr hinter der Wirtschaftsleistung des Industrielandes hinterherhinkt und eine Anpassung über den Wechselkurs ausbleibt, gibt es für das Ausland immer weniger Gründe, die teuren Waren des schwachen Landes zu kaufen. Die Exporte werden also im Vergleich zu den Importen zurückgehen – es entsteht ein sogenanntes Handelsbilanzdefizit. Das bedeutet jedoch, dass sich die Volkswirtschaft des Entwicklungslandes im Ausland verschulden muss, um den Fehlbetrag zwischen Importen und Exporten finanzieren zu können. Es kommt also schon allein durch die immer höheren Zinslasten an das Ausland zu steigenden Spannungen im Entwicklungsland.

Gleichzeitig steigt auch die Verschuldung der Unternehmen des schwächeren Staates im Ausland, weil im Allgemeinen der Zinssatz für Kredite in stärkeren Staaten niedriger ist als in einem schwachen Land. Aufgrund des festen Wechselkurses fehlt ja der Regulationsmechanismus, der diesen Kapitaltransfer unterbinden könnte. Dabei gehen die Unternehmen davon aus, dank des festgesetzten Tauschkurses die günstiger verzinsten Schulden jederzeit zurückzahlen zu können. Aber wie wir noch sehen werden, geht diese Rechnung nicht auf.

Ein weiterer Störfaktor bei festgelegten Wechselkursen ist die einsetzende Kapitalflucht. Viele Bürger in dem Entwicklungsland trauen der eigenen Währung nicht und versuchen in das Geld stärkerer Staaten (wie den US-Dollar) zu wechseln. Ein flexibler Wechselkurs würde dem durch eine Abwertung der eigenen Währung entgegenwirken, was im festgezurrten Modell jedoch unmöglich ist und die Notenbank dazu zwingt, die Zinssätze auf höhere Niveaus anzuheben. Dies bringt wiederum die Unternehmen weiter unter Druck und zwingt sie zu noch stärkerer Aufnahme von Krediten im Ausland.

Nach einigen Jahren zunehmender Instabilität erkennen finanzkräftige internationale Spekulanten die verwundbare Lage der Staaten und erhöhen den Druck auf den festen Wechselkurs dadurch, dass sie sich in dem schwachen Land kräftig verschulden und das aufgenommene Geld sofort in harte Währung wechseln. Dies zwingt die Notenbank dazu, vermehrt Devisenreserven einzusetzen, um den künstlich festgezurrten Wechselkurs stabil zu halten. Allerdings ist das nur eine begrenzte Zeit möglich, und sobald die Reserven verpulvert sind, muss der Wechselkurs letztlich freigegeben werden. Dieser fällt dann jedoch nicht auf das ökonomisch angemessene Niveau eines flexiblen Kurses, sondern sinkt durch panikartige Kapitalflucht auf einen weit niedrigeren Wert. Die Spekulanten können dann die kurzfristigen Schulden über einen weitaus günstigeren Wechselkurs zurückbezahlen und streichen kräftige Währungsgewinne ein. Übrig bleibt dann ein Land mit hoher Auslandsverschuldung, welche zum Vielfachen des vorigen Wertes zurückbezahlt werden muss, weil die inländische Währung durch die Krise stark abgewertet wurde. Außerdem ist das Vertrauen in die Wirtschaft auf lange Sicht zerstört, und hohe Zinsen würgen jede weitere Entwicklung ab. In der Regel sind solche Länder dann auf IWF-»Hilfen« angewiesen – also neue Auslandskredite, die vom Internationalen Währungsfonds vermittelt werden. Ein solches Land ist dann kaum noch in der Lage, je wieder Boden zu fassen, wie die Währungskrisen der letzten Jahre eindrucksvoll belegten.

Häufig wird der Fehler begangen, gerade die flexiblen Wechselkurse für die Währungskrisen verantwortlich zu machen, man übersieht jedoch ganz, dass erst die durch feste Austauschkurse entstandenen Spannungen zum Kollaps der Währung führten. Otmar Issing, ein ehemaliges Mitglied im Direktorium der Europäischen Zentralbank, nannte Wechselkursbandbreiten (also das künstliche Halten von Wechselkursen in bestimmten Grenzen) sogar eine Einladung an Spekulanten. So konnte George Soros 1992 ohne Risiko gegen das englische Pfund spekulieren und in 14

Tagen zehn Milliarden Dollar verdienen, weil die Notenbanken die Kurse stützen mussten. Bei flexiblen Wechselkursen könnten sich die Spekulanten hingegen nie sicher sein, ob es nicht zu Gegenbewegungen kommt.[40] Leider zog Issing nicht den logischen Schluss, dass feste Wechselkurse und der Euro somit ökonomisch nicht vertretbar sind und nur flexible Wechselkurse letztlich zu Gleichgewicht und Stabilität führen.

Die Geschehnisse der letzten Jahre sind eindrucksvolle Beweise dafür, dass feste Wechselkurse und erst recht Einheitswährungen zum Zusammenbruch verurteilt sind. Deutlich wird auch, welche fatalen Folgen eine falsche Währungspolitik anrichtet.

Quelle: Manfred Wenzel, Köln

Karikatur 2

---

[40] *Frankfurter Allgemeine Zeitung*, 17.2.1999.

»Die Experten urteilen wieder so schnell wie damals. Die meisten sagen, vom Beginn einer neuen Krise könne keine Rede sein. Auch wenn sie Recht bekommen sollten, muss man daran erinnern, dass im Verlauf der Asienkrise eine Theorie nach der anderen revidiert werden musste. Zuerst hieß es, Thailand sei ja nicht Mexiko. Als der Baht dann doch ein Schicksal erlitt wie vorher der Peso, wurde behauptet, eine Ansteckung der Region sei unwahrscheinlich. Asien sei nicht Thailand. Doch dann wurden nicht nur die südostasiatischen Volkswirtschaften, sondern auch Länder in Nordostasien in den Strudel gerissen.«

Karl Kränzle, *Börsen-Zeitung*, 5.8.2000

Asien-, Russland-, Brasilien- und Argentinienkrise – Beispiele dafür, wie es dem Euro ergehen wird

Um zu klären, wohin feste Wechselkurse oder – noch schlimmer – eine Einheitswährung wie der Euro führen, ist es hilfreich, sich die Krisen der letzten zehn Jahre anzusehen.

Asienkrise

Als Mitte 1997 die Asienkrise mit der Abwertung der thailändischen Währung begann, wurden die Geschehnisse offiziell auf die falsche und überzogene Wirtschaftsentwicklung in den aufstrebenden Märkten geschoben. Grundsätzlich sei das System in Ordnung, wurde erklärt. Schnell weitete sich jedoch die Krise aus, und der japanische Vize-Finanzminister Sakakibara warnte Anfang 1999 bereits vor dem Zusammenbruch des internationalen Finanzsystems mit der Folge von Wirtschaftskrisen und Kriegen. Er wies darauf hin, dass einzelne regionale Finanzprobleme in einem Zerfall der Weltfinanzordnung gipfeln könnten.[41]

---

[41] *Handelsblatt online*, 22.1.1999.

Die Entwicklung zur Krise folgte dabei immer dem gleichen Schema: Zuerst kam die Anbindung der landeseigenen Währung an den Dollar, dann eine hohe Verschuldung und zuletzt die zwangsweise Abwertung in einer Währungskrise. Durch die Festlegung des Wechselkurses erhofften sich die Länder ein inflationsfreies Wachstum. Das Vorgehen war jedoch von vornherein zum Scheitern verurteilt: Die Wirtschaft der aufstrebenden Länder entwickelte sich nicht im gleichen Tempo wie in den USA. Normalerweise würde ein freier Wechselkurs, wie bereits gezeigt, die Spannungen durch eine Abwertung ausgleichen. Durch die festgelegten Austauschkurse war dies jedoch unmöglich, weshalb die Spannungen anwuchsen.

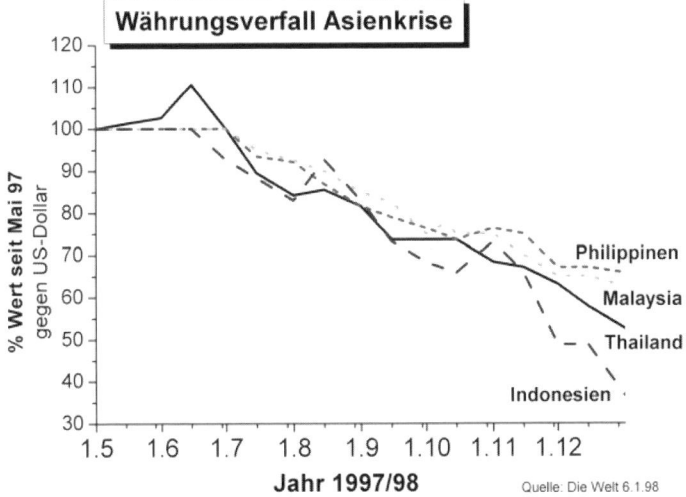

Abb. 3: Währungsverfall in der Asienkrise

Fatalerweise wurde durch feste Wechselkurse auch die Auslandsverschuldung massiv ausgeweitet, weil Kredite im Ausland billiger zu bekommen waren als auf dem inländischen Kreditmarkt. Schuldner wie Gläubiger waren sorglos und vertrauten darauf, die Verbindlichkeiten jederzeit zu einem festen Wechselkurs zurückzahlen zu können. Nach mehreren Jahren nahm der Druck auf den Wechselkurs aber überhand, zunehmende

Gerüchte über die Zahlungsunfähigkeit der Länder untergruben das Vertrauen der Anleger, und das Kapital wurde panikartig aus den Ländern abgezogen. –Letzten Endes konnten die Wechselkurse nicht mehr gehalten werden und verfielen (siehe Abbildung 3).

Auch der damalige Präsident der Landeszentralbank Nordrhein-Westfalen, Professor Reimut Jochimsen, erklärte, dass die Währungskrisen in Asien, Russland und Brasilien zum größten Teil auf rigide Wechselkursanpassung zurückzuführen seien. Durch feste Wechselkurse habe sich Anpassungsdruck aufgestaut, welcher sich schließlich ruckartig entlud.[42] Die Währungskrise hatte fatale Folgen: Die hohe Auslandsverschuldung musste nun zu einem wesentlich ungünstigeren Kurs zurückbezahlt werden. Irgendwann konnten die Staaten diese Lasten nicht mehr tragen und stellten die Zahlungen schließlich ein. Durch ausbleibende Investitionen und wachsende Verpflichtungen nahm nun die Armut dramatisch zu.

In Indonesien rutschten infolge der Währungsabwertung durch die Asienkrise 1999 zwei Drittel der 202 Millionen Einwohner unter die Armutsgrenze ab.[43] Die Auslandsschulden stiegen durch umfangreiche IWF-»Hilfen« auf über 150 Milliarden Dollar.[44] Wie die wirtschaftlichen Zustände das Leben der Menschen verändern, zeigte sich auf der Insel Ambon. Obwohl diese Insel immer als Modell für religiöse Harmonie galt, gab es nach dem Währungsverfall schwere Ausschreitungen zwischen Christen und Moslems.[45] Das Land drohte unter diesen Bedingungen zu zerbrechen. In Südkorea war das Einkommen von drei Vierteln der Seouler Haushalte durch die Währungskrise um durchschnittlich 32 Prozent gesunken, das der ohnehin wenig Verdienenden sogar um 45 Prozent.[46] Zu Recht verklagten die südkoreanischen Gewerkschaften den IWF wegen falscher Weichenstellung in der Asienkrise. Das Land wurde mit dem »Hilfspaket« des IWF in hohe Verschuldung getrieben, und mit den rigi-

---

[42] *Deutsche Bundesbank*, Auszüge aus Presseartikel, 4.5.1999.
[43] *Die Welt*, 9.9.1998.
[44] *Handelsblatt interaktiv*, 25.10.1999.
[45] *Frankfurter Allgemeine Zeitung*, 22.2.1999.
[46] *Die Welt*, 29.5.1998.

den Sparforderungen wurden zahlreiche Betriebe zerstört und Millionen Menschen arbeitslos.[47] Das Entstehen von Armut und Hunger war somit vorprogrammiert. Vor diesem Hintergrund stellt sich die Frage, wie der IWF die Krisen mit verursachte und ausweitete:

»Wenn es gilt, das Letzte aus einem Land herauszuholen, schicken die Manager den IWF vor. Seine Anpassungsprogramme passen inzwischen vor allem die Lebensbedingungen der unterernährten und unterversorgten Menschen in der Dritten Welt an die Dividendenforderungen der Bankaktionäre an.«

Frankfurter Rundschau[48]

Auffällig ist, dass wenige Wochen vor Beginn der Krisen der IWF jeweils die angeblich gesunde wirtschaftliche Struktur der Länder lobte. Es wurden Verträge über Stützungskredite unterzeichnet, wobei ein kleiner Teil der Summe sogar ausgezahlt wurde. Nach Beginn der Katastrophe sperrte der IWF jedoch die zugesagten Kredite sofort und forderte von den betroffenen Staaten drakonische »Sanierungsprogramme«.

---

[47] *Handelsblatt interaktiv*, 15.10.1999.
[48] Zitiert in *Die Zeit*, 12.12.1997.

»Fast alle Länder, die heute in einer tiefen Krise stecken, hatten noch vor kurzem feste Wechselkurse. Es war genau diese Kopplung ungleicher Volkswirtschaften, die der Spekulation Tür und Tor geöffnet hat. Regierungen können die ökonomischen Unterschiede, die im Wechselkurs einer Währung zum Ausdruck kommen, nicht einfach wegbefehlen. Das ist jetzt wirklich nicht die Zeit, die Weltwirtschaft in eine neue Zwangsjacke zu stecken.«

Professor Jeffrey Sachs[49]

Brasilienkrise – eine falsche Währungspolitik fordert Opfer

Die Ereignisse liefen auch hier nach dem immer gleichen Schema ab: Zuerst wurde das Land bis Anfang der neunziger Jahre von unfähigen Politikern durch Hyperinflation ruiniert. Um künftig das Geld stabil zu halten, beschlossen sie, eine neue Währung mit fester Anbindung an den US-Dollar zu schaffen, den sogenannten Real. Tatsächlich sank die Inflation rapide bis auf vier Prozent im Jahr 1997. Um den Wechselkurs zu halten, musste sich Brasilien jedoch massiv verschulden. Durch Einführung des Real hat sich die Verschuldung Brasiliens zwischen 1994 und 1998 deshalb mehr als verfünffacht.[50] Schon während der Asienkrise 1997 – als die verunsicherten Investoren schlagartig Geld aus allen Anlageregionen der Welt abzogen und somit auch Brasilien und andere Schwellenländer unter Druck setzten – musste der Zinssatz auf durchschnittlich 30 Prozent angehoben werden, um eine Kapitalflucht mit Währungsverfall zu verhindern. Dadurch schrumpfte die Wirtschaft Brasiliens bereits im Jahr 1998 um 2,5 Prozent.[51]

Allein bei den Währungsturbulenzen Ende Oktober 1997 musste das Land zur Stützung des Real an drei Tagen über neun Milliarden Dollar aufwenden. Hätten die Turbulenzen nur drei Wochen angehalten, wären die gesamten Reserven von 62 Milliarden Dollar aufgebraucht

[49] *Süddeutsche Zeitung*, 5.10.1998.
[50] *Deutsche Bank Börsennachrichten online*, 28.1.1999.
[51] *Handelsblatt online*, 20.1.1998.

worden. Auch die Unternehmen hatten die festen Wechselkurse zur günstigeren Verschuldung im Ausland genutzt und einen Schuldenberg von 100 Milliarden Dollar aufgebaut. Der IWF sagte im November 1998 zusätzlich einen Stützungskredit von über 40 Milliarden US-Dollar zu. Anfang Januar 1999 erklärte der drittstärkste Bundesstaat Brasiliens, den Schuldendienst an den Bund für 90 Tage aussetzen zu wollen.[52] Schnell erkannten Spekulanten die instabile Lage des Landes und zogen massiv Geld ab. Dadurch konnte der Wechselkurs zum Dollar nicht mehr aufrechterhalten werden, die Währung verfiel um über 40 Prozent. Wie bei Russland sperrte der IWF auch diesmal sofort alle weiteren Zahlungen. Es wurde sogar gefordert, den Zinssatz auf 70 Prozent zu erhöhen.[53] Durch höhere Zinssätze und ungünstigere Wechselkurse explodierten die Zinslasten geradezu – der Bankrott wird langfristig unvermeidbar sein. Um die Spekulationsgefahr einzudämmen, erhöhte Brasilien nun drastisch den kurzfristigen Zinssatz auf 40 Prozent.[54] In dieser Situation gibt es keinen Ausweg mehr: Werden die Spekulanten durch hohe Zinssätze abgewehrt, bricht die Wirtschaft zusammen. Wird hingegen die Währung freigegeben, können die angehäuften Schulden zum ungünstigen Wechselkurs nicht mehr bedient werden, und der Staat wie auch große Teile der Unternehmen gehen Bankrott. Wenn jedoch die Wirtschaftskrise durch Aufnahme von IWF-Krediten verhindert werden soll, wird der Zusammenbruch zwar etwas hinausgezögert, aber umso heftiger, weil hierdurch das Grundübel Verschuldung nur noch zunimmt und die Wirtschaft durch sogenannte Sanierungsmaßnahmen zerstört wird. Daneben hätten die Rosskuren des IWF das Land beinahe ruiniert: Um IWF-Kredite zur Stützung des Wechselkurses zu erlangen, musste Brasilien beispielsweise ein »drakonisches Sanierungsprogramm« auflegen. Die Regierung räumte sogar ein, dass sich das Programm auf jeden Fall rezessiv auswirken werde.[55] Durch die IWF-»Hilfen« explodierte die Staatsverschuldung, weshalb 1999 das Etatdefizit auf zehn Prozent des Bruttosozialproduktes anstieg, gegenüber acht Prozent

---

[52] *Handelsblatt online*, 8.1.1999.
[53] *Handelsblatt online*, 1.2.1999
[54] *Süddeutsche Zeitung* 22./23.11.1997.
[55] *Handelsblatt online*, 29.10.1998

im Vorjahr. Ohne den Schuldendienst hätte Brasilien dagegen einen Hauhaltsüberschuss von drei Prozent erwirtschaftet.[56] Wie sehr das internationale Kapital in die Krise verwickelt war, zeigte die plötzliche Einsetzung eines neuen Notenbankchefs kurz nach Beginn der Krise. Armínio Fraga Neto, der Leiter des Quantum Funds – der Fonds des Großspekulanten George Soros – in Lateinamerika wurde kurzfristig zum Notenbankpräsidenten ernannt.[57] Es ist kaum zu erwarten, dass ein Vertreter der Seite, welche erst die Krise erzeugte, gerade an einer Lösung mitarbeiten wird. Deshalb erklärte die Opposition in Brasilien auch, man habe den Bock zum Gärtner gemacht. Einige Monate vor Brasilien und ein Jahr nach Beginn der Asienkrise kam dann Russland unter Beschuss.

[56] *Yahoo* Schlagzeilen, 22.2.2000.
[57] *Die Welt*, 4.2.1999.

»Die Vereinbarung mit dem IMF (englische Bezeichnung für IWF, d. A.) sieht sogar vor, auf das russische Schatzamt lautende Schuldpapiere in mittel- und langfristige Dollarforderungen umzuschreiben. Als ob die Finanzkrise in Südostasien nicht gezeigt hätte, dass Fremdwährungskredite nach einer Abwertung – was auch beim Rubel nicht völlig auszuschließen ist – ein Land erst recht in Zahlungsprobleme bringen können.

Neue Zürcher Zeitung, 15.7.1998 –
vier Wochen vor der russischen Finanzkrise

Russland – eine Weltmacht am Abgrund

Die russische Finanzkrise 1998 ist ein besonderes Beispiel dafür, wie sich Krisen entwickeln und welche massiven Folgen sie zeigen. Dabei bahnt sich gerade im Zuge der jetzigen Depression eine neue Gefahr in Russland an. In diesem Zusammenhang ist es sehr interessant, den Ablauf der letzten Krise zu betrachten: Schon im Mai 1998 verlangte der damalige Ministerpräsident Sergej Kirijenko der Bevölkerung zahlreiche Einschränkungen ab und kündigte unpopuläre Entscheidungen an.[58] Diese Maßnahmen sollten sich später als fatal herausstellen. Obwohl schon die Asienkrise gezeigt hatte, dass feste Wechselkurse nicht funktionieren, bemühten sich internationale Institutionen im Herbst 1997, auch den Ostblock, vor allem Russland, erneut fest an den Dollar zu binden.[59] Noch im Sommer 1998 wurde Russland vom IWF als fortschrittliches Land gelobt, das den Schritt vom Kommunismus zum Kapitalismus konsequent durchsetzen würde. Die drohende Abwertung wurde lange Zeit verharmlost. Noch wenige Tage vor dem Beginn des Währungsverfalls schloss der russische Präsident Boris Jelzin diese Möglichkeit kategorisch aus: »Klar und deutlich – es wird keine Devaluierung des Rubels geben, das ist so ausgerechnet, das ist meine Arbeit und unter meiner

---

[58] *Spiegel* Kurzmeldung, 8.5.1998.
[59] *Frankfurter Allgemeine Zeitung*, 10.11.1997.

Kontrolle.«[60] Der damalige russische Ministerpräsident Jewgeni Primakow erklärte nach der Finanzkrise im September 1998, dass Russland nie bankrott gehen werde.[61] Auch westliche Experten schlossen eine Zahlungsunfähigkeit definitiv aus.[62] Die Abwertung wurde dann tatsächlich nur wenig später durch einen Leserbrief von George Soros in der *Financial Times* ausgelöst, in dem der Spekulant eine Abwertung des Rubels forderte.[63] Der IWF sperrte sofort die vorher zugesagten Stützungskredite und beschleunigte damit wiederum den Verfall. Fatalerweise wurden noch durch Unterstützung des IWF Ende Juli 1998 kurzfristige, auf Rubel lautende Schuldverschreibungen in langlaufende auf Dollar lautende Papiere umgewandelt. Die Verzinsung lag effektiv bei etwa 15 Prozent.[64] Russland war damit nach dem Wechselkursverfall nicht mehr in der Lage, die durch die Währungsabwertung aufgewerteten Schulden zurückzuzahlen. Im weiteren Verlauf brachen die russischen Lebensmittelimporte (70 Prozent der Nahrungsmittelversorgung) im September 1998 auf ein Sechstel ein.[65]

Nach der Krise konnte sich Russland zwar zwischenzeitlich durch erhöhte Rohstoffausfuhren in einer boomenden Weltwirtschaft wieder stabilisieren, allerdings brach die russische Wirtschaft im Zuge der Bankenkrise im Jahr 2008 abermals ein. Dazu kam, dass die Rohstoffpreise wieder verfielen und damit das Land nicht mehr seine Ausgaben decken konnte.

Leider haben die Politiker weltweit aus diesen Währungskrisen nichts gelernt und führten in den letzten Jahren gleich in einer Reihe weiterer Länder feste Wechselkurse ein. Dabei müssen feste Wechselkurse zwischen wirtschaftlich ungleichen Nationen immer Ungleichgewichte erzeugen. So verursachte die Bindung des polnischen Zloty an den Euro und den US-Dollar Mitte der 90er Jahre ein enormes Handelsbilanzdefizit in Polen. 1995 hatte das Land noch einen Überschuss, während das Defizit

---

[60] *Frankfurter Allgemeine Zeitung*, 18.8.1998.
[61] *Der Spiegel online*, 14.9.1998.
[62] *Die Welt*, 20.7.1998.
[63] *Die Welt*, 29.4.2000.
[64] *Süddeutsche Zeitung, 23.7.98*
[65] *Handelsblatt online*, Internet-Meldung, 29.9.1998.

schon 1999 fast acht Prozent des polnischen Bruttosozialprodukts erreichte.[66] Nach dem Beitritt zur EU im Jahr 2004 betrug das Defizit immer noch extreme 24,6 Milliarden Euro. Solch ein wachsendes Handelsbilanzdefizit führt wiederum zu steigender Auslandsverschuldung und am Ende zu einer Währungskrise.

Wie an den vorhergehenden Beispielen deutlich wurde, müssen feste Wechselkurse zwischen ungleichartigen Ländern stets in Währungskrisen enden. Leider hatten die maßgeblich Verantwortlichen dabei immer noch nicht die entscheidenden Lehren gezogen, sondern verteidigen vehement die offizielle Linie, die bis zum Euro führte. Dies wird an den Ratschlägen zur Lösung der genannten Währungskrisen überdeutlich.

---

[66]   *Die Welt*, 13.4.2000.

»Wenn alle Länder aneinandergekoppelt wären, würden wir alle in der Falle sitzen. Niemand könnte seine eigene Wirtschaftspolitik machen. Wir müssten die Zinsen in schwindelerregende Höhen schrauben, um die Währungen gegen Abwertungen zu verteidigen. Damit würden wir jedes Wachstum abwürgen, immer mehr Leute in Leid und Elend stürzen.«

Professor Jeffrey Sachs, Harvard-Universität, USA[67]

Inkompetente Expertenratschläge

Es ist immer wieder erstaunlich, wie verschieden und unsinnig die Lösungsvorschläge für eine Krise sind. Das war auch im Falle der oben beschriebenen Asien-, Brasilien- und Russlandkrise nicht anders. So schlug der renommierte Wirtschaftsexperte Professor Oleg Bogomolow vom Moskauer Wirtschaftsforschungsinstitut im Jahr 1998 die Einführung einer Parallelwährung in Russland vor, welche völlig mit Gold gedeckt sein soll. Diese Währung solle dann den Rubel verdrängen. Als Vorbild dienten ihm die zwanziger Jahre mit der goldgedeckten Währung.[68] Dass jedoch gerade die Golddeckung des Geldes zur Weltwirtschaftskrise der dreißiger Jahre führte, wird dabei vergessen. Wenn Russland beispielsweise gezwungen wäre, Gold zu verkaufen, müsste im gleichen Umfang Geld eingezogen werden – eine massive Deflation mit einer noch schlimmeren Wirtschaftskrise als heute wäre die Folge.

Für Brasilien riet der angesehene Wirtschaftsexperte Professor Rudi Dornbusch vom MIT, USA, die Schaffung eines »Currency Boards«. Dabei sollte jede einheimische Banknote vollständig durch US-Dollar bei der brasilianischen Notenbank gedeckt sein. Davon versprach sich Dornbusch die Verhinderung von Wechselkursturbulenzen.[69] Mit solch einem Currency Board hätte Brasilien nach der Krise jeden Einfluss auf die eigene Währung verloren. Die einzige Aufgabe von Regierung und Notenbank

[67] *Der Spiegel*, 5.10.1997.
[68] *Die Welt*, 12.1.1999.
[69] *Frankfurter Allgemeine Zeitung*, 2.2.1999.

wäre dann das Zahlen hoher Zinsen für geliehene US-Dollars gewesen, um die Gelddeckung aufrechtzuerhalten. Bulgarien führte beispielsweise 1997 einen solchen Currency Board ein, mit dem Ergebnis, dass sich die Wirtschaft nur in dem Maße entwickeln konnte, wie harte Währung ins Land floss. Gleichzeitig sank der Außenhandel um 30 Prozent, und die Verschuldung explodierte.[70] Das Problem änderte sich auch nicht nach dem EU-Beitritt im Jahr 2007, und so bauen sich für das Land enorme Auslandsschulden auf, die in Zukunft beinahe zwangsläufig zu einer schweren Krise führen werden.

Mit festen Wechselkursen zur Weltkrise?

Die fraglichste Maßnahme wäre in jedem Fall die Schaffung eines Weltwährungssystems mit festen Wechselkursen zwischen den wichtigsten Währungen, wie es Ex-Bundesfinanzminister Oskar Lafontaine und sein japanischer Kollege Kiichi Miyazawa vorschlugen.[71] Dass neben der Politik auch die Wirtschaftswissenschaft nichts gelernt hat, wurde deutlich, als der kanadische Nobelpreisträger Robert Mundell ebenfalls eine Aneinanderkopplung der Kurse von Dollar, Euro und Yen forderte. Dabei sollte der Euro durch eine Anbindung an den Dollar stabilisiert werden. Das Ergebnis sollte »eine Art Weltwährung« sein.[72] Dabei waren es gerade die festgelegten Wechselkurse, die erst zu den Krisen beigetragen haben. Mit solch einem Weltwährungssystem wäre eine Weltwährungskrise nur noch eine Frage der Zeit. Wie die Deutsche Bank Research erklärte, entspricht der Weltdevisenhandel mit über 1.500 Milliarden US-Dollar fast den gesamten Währungsreserven aller Notenbanken zusammengenommen. Damit wären die Durchführbarkeit und Glaubwürdigkeit solcher »Stabilisierungsmaßnahmen« äußerst begrenzt. Ebenfalls bestünde die Gefahr spekulativer Attacken auf festgelegte Wechselkurse. Die größte Bedrohung stellt jedoch der Verlust einer unabhängigen Währungspolitik für die beteiligten Länder dar, denn bei auseinanderlaufender konjktureller Entwicklung wäre in diesem

---

[70] *Frankfurter Allgemeine Zeitung*, 14.6.1999.
[71] *Handelsblatt online*, 15.1.1999.
[72] *Die Welt*, 28.6.2000.

Fall die Stabilisierung von Wechselkurs und Preisniveau unmöglich.[73] Mit Recht warnte auch das Zentralbank-Mitglied Franz-Christoph Zeitler vor einer solchen Maßnahme. Die Finanzmärkte könnten dann versuchen, die festen Wechselkurse auf die Probe zu stellen, was viel Geld kosten würde. Er betonte, dass feste Wechselkurse nach einem erheblichen Aufwand an Währungsreserven letztlich doch freigegeben oder angepasst werden müssten und damit die Wechselkursvereinbarungen meist auf eine »Prämie an die Spekulation« hinauslaufen würden. Weiter wies er darauf hin, dass die Handlungsfähigkeit einer stabilitätsorientierten Geldpolitik durch solche Vereinbarungen eingeschränkt, wenn nicht gar ausgehebelt werden würden.[74] Leider zog er aus diesen Erkenntnissen nicht den logischen Schluss, dass dann auch der Euro mit seinen festen Kursen und erst recht die volle Einheitswährung ein Ding der Unmöglichkeit ist.

---

[73] *Frankfurter Allgemeine Zeitung*, 17.12.1998.
[74] *Spiegel* Meldung, 30.9.1998.

»In Argentinien gewinnt das Problem besonderes Gewicht, weil es den Wechselkurs des Peso per Gesetz an den Dollar gekoppelt hat. Bei jedem Zinsanstieg in den USA ist die argentinische Zentralbank gezwungen, ihre Zinsen noch stärker zu erhöhen, damit das Auslandskapital nicht in die USA abfließt. Damit verschärft sich die Rezession. Länder mit flexiblen Wechselkursen sind für externe Turbulenzen besser gerüstet.«

Financial Times Deutschland, 27.6.2000

Argentinien – eine falsche Währungspolitik führt zur Katastrophe

In Argentinien wollten Experten, Regierung und Opposition die eigene Währung nach der Währungskrise von 2001 sogar so schnell wie möglich ganz aufgeben und den US-Dollar als Zahlungsmittel einführen. Währungsturbulenzen sollten damit ausgeschlossen werden.[75] Der Irrglaube dabei ist, anzunehmen, dass es ohne eine eigene Währung auch keine Wechselkursschwankungen und damit keine Währungskrise mehr geben könne. Dabei schafft man mit der Währung auch jeden Regulationsmechanismus dafür ab, selbst bei wirtschaftlichen Schwierigkeiten das Kapital im Land zu halten. Bei einem flexiblen Wechselkurs, wie auch bei einem freigegebenen ehemaligen festen Tauschkurs, verhindert die Abwertung der Währung eine übermäßige Kapitalflucht. Wenn jedoch eine fremde Währung im Land eingeführt wird, fehlt diese Regelung, und bei wirtschaftlichen Spannungen zieht sich das Kapital sofort in das sicherere Ursprungsland der Fremdwährung – hier die USA – zurück. Genauso fließen die Investitionen dann nicht von den USA nach Argentinien, sondern umgekehrt verlässt das Geld Argentinien und wird in Amerika investiert, wo die Lohnstückkosten geringer sind und die Rendite somit höher. Das Land würde also regelrecht ausbluten und hätte keine Möglichkeit mehr, dem sinkenden Lebensstandard entgegenzuwirken. Die Folgen einer solchen Übernahme des US-Dollars als Zahlungsmittel wären also fatal: Weil

---

[75] *Handelsblatt online*, 22.1.1999.

sich die argentinische Wirtschaft langsamer entwickelt als die amerikanische, würde sich das Kapital aus Argentinien zurückziehen. Weitgehende Verarmung wäre die Folge. Auch ist diese Maßnahme nicht mehr rückgängig zu machen.

Gerade der feste Wechselkurs zum Dollar war die entscheidende Ursache dafür, dass es überhaupt zur Argentinienkrise kam.

Das vernünftigste wäre gewesen, wenn Argentinien seine Währungsanbindung an den US-Dollar rechtzeitig ganz aufgegeben hätte. Doch steckte das Land schon bis zum Hals in der Falle, weil die Unternehmen neunzig Prozent ihrer Schulden in Dollar aufgenommen hatten.[76] Auch der Professor für Lateinamerika-Studien an der Johns Hopkins University in Washington, D.C., sagte, das Hauptproblem Argentiniens sei die feste Bindung des Pesos an den Dollar gewesen, weil dies die Exporte abgewürgt und jegliche Autonomie in der Geldpolitik verhindert habe. Bei Freigabe der Wechselkurse wären die meisten Unternehmen wegen ihrer enormen Dollar-Schulden im Ausland sofort bankrott.[77]

Wie stark die Kapitalflucht bei einer festen Wechselkursanbindung ist, wird daran deutlich, dass die argentinische Bevölkerung ihr Erspartes zu 70 Prozent in Dollar angelegt hatte. Dabei verliert die Regierung jede Kontrolle über die eigene Währung, und die Zentralbank hat im Falle des Zusammenbruchs einer Bank keinerlei Interventionsmöglichkeit.[78] Durch die Dollaranbindung sanken die Exporte aufgrund des künstlich hochgehaltenen Wechselkurses rapide, und als Ende 2000 die weitere Finanzierung der Schulden über Anleihen nicht mehr gesichert war, kam es zu einer ernsten Krise. Das Land war gezwungen, im Laufe von zwei Jahren IWF-Kredite in Höhe von mindestens 35 Milliarden Dollar aufzunehmen und sich zu weiteren restriktiven Sparmaßnahmen zu verpflichten.[79] Die Forderungen des IWF wiederum verhinderten schon im

---

[76] *Süddeutsche Zeitung*, 29.12.2000.
[77] *Die Welt*, 8.11.2000.
[78] *Süddeutsche Zeitung*, 29.8.2000.
[79] *Süddeutsche Zeitung*, 19.12.2000.

Vorfeld jede weitere Entwicklung und machten ein Abtragen der Schuldenlast unmöglich.

Wie sehr der politische Bereich mit dem wirtschaftlichen verbunden ist, wird daran ersichtlich, dass im März 2001 gerade der Begründer fester Wechselkurse in Argentinien – und damit der Stifter der Probleme – Domingo Cavallo als neuer Wirtschaftsminister in die Regierung berufen wurde.[80] Als Lösung der Missstände präsentierte der neue Minister gleich ein drakonisches Sparprogramm, welches zu Unruhen führte, und er forderte weitgehende Handlungsvollmachten, um ohne demokratische Kontrolle eigene Entscheidungen durchsetzen zu können. Nach einer turbulenten Zeit mit mehreren Regierungen in nur wenigen Monaten stabilisierte sich das Land wieder etwas, um dann aufgrund der alten ungelösten Probleme in den Sog der Finanzkrise von 2008 gezogen zu werden. Das Ausfallrisiko für angelegtes Geld war bereits Anfang 2009 in keinem Land der Welt so groß wie in Argentinien. Mussten für eine Geldanlage von 10.000 Dollar in Deutschland zu deren Absicherung nur 59 Dollar aufgewendet werden, waren es in Argentinien unvorstellbare 3.362 Dollar.

Daran wird deutlich, welche enormen, langanhaltenden Probleme durch eine falsche Währungspolitik verursacht werden. Oft müssen die angerichteten Schäden von ganzen Generationen getragen werden.

Was bei der Diskussion um Wechselkurse häufig vergessen wird, ist die Tatsache, dass flexible Tauschkurse zu einer ausgeglichenen Handelsbilanz führen, also Importe und Exporte einander angleichen, während feste Kurse zu zunehmenden Handelsbilanzdefiziten und damit Spannungen führen müssen.

---

[80] *Die Welt,* 21.3.2001.

---

*»Sämtliche Währungskrisen seien auf Politikversagen zurückzu-
führen, betonte Angelos Kotios, Professor für Wirtschaftspolitik
in Thessalien (Griechenland). Alle hätten sich in Systemen fester
Wechselkurse ereignet.«*

Frankfurter Allgemeine Zeitung, 4.12.1999

Kriege und falsche Währungspolitik

Nur bei einer Ausgeglichenheit von Geben und Nehmen, also von Import und Export, kann dauerhaft Frieden bestehen. Sobald ein Land (wie
Deutschland) einen Exportüberschuss hat, muss zwangsläufig ein anderes
Land ein Exportdefizit, und damit Kapitaldefizit, haben. Langfristig entstehen dadurch Spannungen, welche dem Frieden nicht dienlich sein können.

Vor allem gerät das Land mit dem Handelsbilanzdefizit immer mehr in die
Klemme, weil die Lücke zwischen Importen und Exporten nur mit zunehmenden Auslandskrediten geschlossen werden kann. Mit diesen Krediten
sind jedoch hohe Zinslasten verbunden, die jedes Land langfristig ruinieren müssen. Gleichzeitig entfällt mit steigender Höhe der Auslandskredite
die Möglichkeit, den Wechselkurs wieder freizugeben, weil dies die eigene Währung stark schwächen und die Schulden entsprechend aufwerten
würde. Ein Staat mit festen Wechselkursen rutscht also immer tiefer in die
Bredouille und hat kaum die Möglichkeit, den einmal gemachten Fehler
wieder zu korrigieren, ohne den Bankrott zu riskieren, wie wir am Beispiel
Argentinien sehen konnten. Damit nimmt der Druck auf diese Nation zu,
ihre Exporte auf Biegen und Brechen auszuweiten, was nur noch durch
eine aggressive Preispolitik – also Dumpingpreise – möglich scheint. Da
andere Staaten aber in der gleichen Falle gefangen sind, kommt es zu
einem ruinösen Wettbewerb auf dem Weltmarkt, der in der Vergangenheit
oftmals auch militärisch ausgefochten wurde.

Ausgeglichene Handelsbilanzen entstehen hingegen bei freiem Wechselkurs-
gefüge: Wenn zum Beispiel die Importe eines Landes ansteigen, reagiert der

Wechselkurs darauf automatisch mit einer Abwertung der inländischen Währung. Damit werden (weil die Güter für das Ausland billiger werden) die Exporte dieses Landes gefördert und gleichzeitig die Importe erschwert (weil die ausländischen Waren teurer werden), bis Importe und Exporte wieder ausgeglichen sind. Die Einführung des Euros verhindert hier, im produktivitätsinhomogenen Europa, jeden Ausgleich der Länder untereinander. Es wird zur Ausbildung sowohl von Reichtums- als auch von Armutszonen kommen.

Wechselkurse haben also die Aufgabe, unterschiedliche Produktivitätsraten der einzelnen Länder auszugleichen, so dass starke wie schwache Länder wirtschaftlich stabil bleiben. Gleichzeitig werden die Handelsbilanzen ausgeglichen. Daneben wird durch schnelle Anpassung des Kurses eine übermäßige Kapitalflucht unterbunden. Das Etablieren eines Festkurssystems, wie es der Euro darstellt, zeigt schlimme Folgen für die Wirtschaft.

Quelle: Manfred Wenzel, Köln

Karikatur 3

DER EURO – DER UNTERGANG EUROPAS

»Der so oft beklagte Anpassungsdruck, der heute in Wechselkurs-
änderungen zutage tritt, bleibt den Unternehmen also auch in der
Währungsunion nicht erspart. Nur schlägt er sich dort nicht mehr
in Wechselkursbewegungen nieder, sondern in Veränderungen der
Lohn- und Preisrelationen oder der Beschäftigung.«

Gemeinschaft zum Schutz der deutschen Sparer, 12.11.1997

Einen Schritt weiter als feste Wechselkurse geht die Einführung einer
fremden Währung in einem Staat oder der Ersatz nationaler Zahlungsmittel durch eine Einheitswährung, wie sie der Euro darstellt. Man verspricht
sich von einem solchen gemeinsamen Geld mehr Stabilität, da es keine
Wechselkurse mehr gibt und diese somit nicht mehr schwanken können. Vergessen wird dabei, dass die Wechselkursänderungen nur als Re-
gelungsinstrumente dienen, wenn sich zwischen unterschiedlichen Staaten grundlegende Wirtschaftsparameter wie Wirtschaftswachstum oder
Preisniveau verändert haben. Wie im Kapitel über flexible Wechselkurse dargestellt, gleichen diese »Wechselkurspuffer« die unterschiedlichen
Entwicklungen aus. **Werden diese Puffer durch Festsetzung der Wechselkurse – oder noch schlimmer durch Einführung einer fremden
Währung beziehungsweise einer Einheitswährung – beseitigt, dann
wird keineswegs die wirtschaftliche Entwicklung in den einzelnen
Ländern angeglichen, sondern es bauen sich Spannungen und Ungleichgewichte auf.** Die Einheitswährung stellt die noch schärfere Form
eines Systems fester Wechselkurse dar: Bei festgezurrten Tauschkursen
können diese wenigstens nach leidvollen Krisen irgendwann doch noch
freigegeben werden, was beim Euro hingegen nicht mehr möglich ist. Damit eine Einheitswährung tatsächlich funktionieren könnte, müsste ge-
währleistet sein, dass die festen Wechselkurse langfristig keine Probleme

zwischen den beteiligten Ländern aufwerfen. Davon kann allerdings keine Rede sein, wie bereits das Festkurssystem des Euro-Vorgängers ECU deutlich machte: Das ECU-System sollte eigentlich feste Wechselkurse (in geringen Bandbreiten) sicherstellen, doch schon die häufigen Anpassungen zeigen, dass dies nicht funktionierte. Seit Einführung des Europäischen Währungssystems EWS im Jahr 1979 wurden bis 1997 insgesamt 22 Mal die Kurse angepasst![81] Das System musste damit praktisch jährlich an die geänderten Verhältnisse zwischen den ungleichen Partnern angepasst werden, um stärkere Spannungen zu vermeiden. Doch sogar dieses starre System funktionierte nicht und wurde 1992 durch den Spekulanten George Soros gesprengt, als er italienische Lire und englisches Pfund gegeneinander ausspielte. Selbst hohe Stützungssummen konnten das marode System nicht vor dem Verfall retten: 1992 intervenierte die britische Regierung zwar mit 50 Milliarden Dollar, konnte den Wechselkurs aber trotzdem nicht in der geplanten Spanne halten.[82]

Kaum war Großbritannien aus dem Europäischen Währungssystem ausgetreten, belebte sich die Wirtschaft im Land – ein Beleg für die Effektivität freier Wechselkurse. Der 16.9.1992, der Tag des EWS-Ausstiegs, wird in Großbritannien inzwischen nicht mehr als »Schwarzer Mittwoch«, sondern als »Weißer Mittwoch« bezeichnet – als Befreiung vom Europäischen Währungsjoch.[83] Die Überbewertung des englischen Pfundes um 15–20 Prozent hatte die Exporte Großbritanniens abgewürgt und das Land in eine Wirtschaftskrise gestoßen, was bei flexiblen Wechselkursen nicht der Fall gewesen wäre. Wie groß die wirtschaftlichen Ungleichgewichte in Europa sind, wird an der nominalen Änderung der Wechselkurse zwischen den stärksten und schwächsten Währungen deutlich, die in nur vier Jahren um über 43 Prozent auseinanderliefen.[84] An eine Währungsunion ist bei solch inhomogenen Verhältnissen nicht zu denken, denn die Ungleichgewichte schaukeln sich immer weiter auf und führen zu schweren Krisen.

---

[81] Dieter Haferkamp, Direktorium Deutsche Bundesbank, Presseartikel Deutsche Bundesbank 8.7.1998.
[82] *Süddeutsche Zeitung*, 21.9.2000.
[83] *Süddeutsche Zeitung*, 26.11.1996.
[84] Deutsche Bundesbank/Auszüge aus Presseartikeln, *Süddeutsche Zeitung* 6.6.1995.

»Tatsache ist, dass die Einführung des Euros zu einem nachhaltigen Strukturbruch im bisherigen Zusammenspiel zwischen wirtschafts- und geldpolitischen Akteuren in den Euro-Mitgliedsstaaten geführt hat. Denn zwischen den Ländern ist der Wechselkurs als Puffer für die Aufrechterhaltung bzw. Wiederherstellung der preislichen Wettbewerbsfähigkeit der heimischen Volkswirtschaft entfallen. Dadurch ist die durch eine nominale Abwertung der heimischen Währung gegenüber Drittwährungen gekennzeichnete Wechselkurspolitik – die bis in die jüngste Vergangenheit vor allem von südeuropäischen Ländern wie Italien und Spanien bevorzugt wurde – endgültig passé ... schrieben die Volkswirte der Deutschen Bundesbank in einer aktuellen Studie. ... Verschiebungen der preislichen Wettbewerbsfähigkeit würden sich somit tendenziell stärker in Veränderungen von Marktanteilen der Unternehmen zeigen und damit auch auf den Arbeitsmarkt durchschlagen, heißt es weiter.«

Börsen-Zeitung, 9.2.2000

Der instabile Euro führt zu gefährlichen Spannungen in Europa

Durch den Euro wurden die Wechselkurse beseitigt. Dies wird von Euro-Befürwortern in Unkenntnis der Zusammenhänge oft als »Stabilität« bezeichnet. So sagte der Würzburger Ökonomieprofessor Peter Bofinger, dass der Dollar zwischen 1990 und 1995 rund 50 Prozent an Wert verloren habe, was die mangelhafte Funktion von flexiblen Wechselkursen beweisen würde. Deshalb sei die Euro-Einführung seiner Meinung nach der richtige Schritt, weil dadurch die Wechselkurse beseitigt würden.[85] Der Professor vergaß allerdings zu sagen, dass Wechselkurse nur Steuermechanismen sind, die unterschiedliche Entwicklungen in den Volkswirtschaften relativ schmerzfrei ausgleichen. Wird dieser Wechselkurspuffer beseitigt, bauen sich deshalb Spannungen auf, wofür der Euro der beste Beweis ist.

---

[85] *Süddeutsche Zeitung, 2.2.2000*

Besonders die schwächeren Regionen geraten unter Druck, weil sie ihre Position auf dem Weltmarkt nicht mehr durch Abwertung der eigenen Währung halten können. Wie der Euro die Wirtschaft stört, ist gut am Beispiel Italiens erkennbar. Früher konnte das Land durch Abwertung der Lira seine internationale Wettbewerbsposition sichern, hat nun aber keinen Vorteil mehr gegenüber den starken Staaten. Von italienischen Politikern wurde deshalb schon angekündigt, dass Italien die Währungsunion verlassen könne, wenn dies nötig sei. Wie Daten der Organisation für wirtschaftliche Zusammenarbeit und Entwicklung (OECD) zeigen, stieg die Produktivität in Italien in den vier Jahren vor der Euro-Einführung nur um 8,8 Prozent, während sie im übrigen Europa durchschnittlich um 18,2 Prozent, in Deutschland sogar um 25,9 Prozent zunahm. Weil eine Abwertung der Währung seit Euro-Einführung nicht mehr möglich ist, verliert das Land zunehmend seine Konkurrenzfähigkeit auf dem Weltmarkt.[86] Ähnlich sieht die Entwicklung in Spanien aus, was am schnell wachsenden Leistungsbilanzdefizit deutlich wird, das sich von 1,3 Milliarden Euro im Jahr 1998 auf über 11,6 Milliarden Euro 1999 fast verzehnfachte und damit die Auslandsverschuldung des Landes entsprechend ausweitete.[87]

Diese Entwicklung verschlimmerte sich mit den Jahren noch weiter: Mit seinem Negativsaldo gegenüber dem Ausland von über acht Prozent des Bruttoinlandsproduktes (BIP) überrundete Spanien im Jahr 2005 sogar den Rekordhalter USA, der es »nur« auf sechs Prozent seines BIP brachte.[88]

Trotz mehrjähriger Harmonisierung vor der Einführung des Euros, konnten die strukturellen Unterschiede in Europa nicht beseitigt werden. Das HWWA-Institut in Hamburg stellte bereits fest, dass es zu keiner Annäherung der EU-Mitgliedsstaaten gekommen sei. Die Unterschiede in der Preisentwicklung haben sich vielmehr vergrößert. Diese Differenzen seien auf erhebliche realwirtschaftliche Divergenzen in den Euro-Ländern zurückzuführen.[89] Durch flexible Wechselkurse wäre es problemlos möglich, solche Produktivitätsunterschiede auszugleichen.

---

[86] *Frankfurter Allgemeine Zeitung*, 17.1.2000.
[87] *Handelsblatt interaktiv*, 15.3.2000.
[88] Staats- und Wirtschaftspolitische Gesellschaft e.V., 30.10.2006.
[89] *Handelsblatt*, 17.8.1999

Angesichts der zunehmenden Preissteigerung in Europa, warnte der Landeszentralbankchef Franz-Christoph Zeitler vor den Folgen divergierender Inflationsraten. Die Spanne der nationalen Inflationsraten reichte im Oktober 2000 von 2,1 Prozent (Frankreich, Österreich) über 2,4 Prozent in Deutschland, vier Prozent in Spanien bis zu sechs Prozent in Irland. Zeitler wies darauf hin, dass die Geldpolitik der EZB darauf abziele, die Preisstabilität im Euro-Raum insgesamt zu sichern. In den einzelnen Ländern beziehungsweise Wirtschaftsräumen könne die Geldpolitik aber nur dann als adäquat empfunden werden, wenn die jeweiligen Eckdaten der wirtschaftlichen Entwicklung, insbesondere die Preisentwicklung, im Gleichklang mit dem gesamten Euro-Raum stünden. Vor allem die Arbeitskosten entwickelten sich jedoch weit auseinander, und seit 1997 habe nur Deutschland nahezu stabile gesamtwirtschaftliche Lohnstückkosten (minus 0,6 Prozent) verzeichnet, während andere Länder zum Teil einen hohen Anstieg von bis über zehn Prozent aufwiesen. Gravierende Probleme könnten sich für diejenigen EWU-Länder ergeben, die im Quervergleich dauerhaft höhere Lohnstückkostenzuwächse und Inflationsraten hätten. Eine nicht nur vorübergehende reale Aufwertung einer eigenen Landeswährung würde im einheitlichen Währungsraum zu einem Verlust an preislicher Wettbewerbsfähigkeit führen.[90] Damit bestätigte der Landeszentralbankpräsident, dass im Euro-Verbund deutliche Ungleichgewichte vorhanden sind, welche die festgelegten Wechselkurse durch Inflations- und Lohnstückkostendifferenzen zwangsläufig unter Druck bringen.

Sogar die Europäische Zentralbank musste im Jahr 2000 einräumen, dass sich die Unterschiede bei den Inflationsraten zwischen den Staaten der Euro-Zone verstärken und dass das Inflationsgefälle zwischen den Staaten der Währungsunion sich seit 1997 vergrößert habe. Die Verantwortung wurde allerdings wieder auf die nationalen Regierungen abgeschoben, da die EZB das Inflationsgefälle in der Euro-Zone angeblich nicht beeinflussen könne.[91]

---

[90] *Die Welt*, 27.11.2000
[91] *Handelsblatt.com*, 21.12.2000.

Immobilienblase und Euro

Richtig brisant wurde es in Europa, als sich in vielen Ländern Immobilienblasen entwickelten. Vor allem Spanien war hierbei führend. In den Jahren vor 2008 wurden in Spanien mehr Wohnungen gebaut als in Deutschland, Frankreich und Italien zusammen! Diese enormen Investitionen wurden zum Großteil durch Schwarzgeld finanziert, das nach Spanien floss. Bei der Euro-Einführung war Spanien mit 13 Millionen 500-Euro-Scheinen ausgestattet worden. In nur fünf Jahren hatte sich die Zahl – durch Zufluss aus dem restlichen Europa – fast verneunfacht. Mehr als ein Viertel aller 500-Euro-Scheine hatten sich in Spanien angehäuft und machten dort 67 Prozent des gesamten Geldvolumens aus.[92] Damit kam etwas in Gang, was eigentlich jeder Ökonom hätte wissen müssen: Es begann eine zunehmende Kapitalverschiebung in Europa. Als dann im Jahr 2008 die Immobilienkrise in Spanien einsetzte, verschwand das Kapital dort wieder, und es folgte eine Wirtschaftskrise.

Bei freien, nationalen Währungen hätten diese Unterschiede und Exzesse durch einen Wechselkurspuffer ausgeglichen und verhindert werden können.

Kurz nach der Einführung des Euros kam es in der EU zunehmend zu Instabilitäten, was auch die Verantwortlichen zur Kenntnis nehmen mussten.

Bereits ein halbes Jahr nach der Begründung des Euros als Buchgeldwährung lag den EU-Finanzministern laut der Londoner Tageszeitung *The Times* eine vertrauliche Studie vor, wonach das Euro-Projekt in ernsthafte Gefahr geriet. Es hieß, die steigenden Haushaltsdefizite könnten zu einer »tödlichen Bedrohung« für die Einheitswährung werden.[93] Schon vor der Euro-Einführung hatte der damalige Präsident der Schweizer Nationalbank, Hans Meyer, verkündet, dass für ihn der Euro eigentlich nicht relevant sei. Er wies richtigerweise darauf hin, dass die Länder in Euro-

---

[92] *Telepolis*, 5.5.2007.
[93] *Inter Info* 8/99; Internationaler Hintergrundinformationsdienst.

pa mit der Fixierung ihrer Wechselkurse an Flexibilität einbüßen werden, was in erster Linie durch den Arbeitsmarkt kompensiert werden müsse. Daraus erwüchsen keine wirtschaftlichen, sondern vielmehr gesellschaftliche Probleme.[94]

Trotz dieser eindeutig zunehmenden Ungleichgewichte, behauptete der damalige Präsident der Europäischen Zentralbank, Wim Duisenberg vehement, dass die Einführung des Euros die Stabilität der Finanzmärkte in Europa erhöht habe. Die Vorbereitungen auf die Währungsunion und ihre Einführung hätten einen festen Anker für Inflationserwartungen sowie die Verpflichtung der Euro-Länder auf Stabilität geliefert, und der Wegfall interner Währungsrisiken sowie die Schaffung eines stärker integrierten und liquideren Finanzmarkts trügen zur Stabilität der Märkte bei.[95] Tatsächlich ist es jedoch genau umgekehrt: Die gemeinsame Währung führt zu großen Instabilitäten, die nicht mehr durch Wechselkurspuffer ausgeglichen werden können.

Und genau das zeigte sich im Jahr 2008, als die Bankenkrise die Länder im Euro-Verbund unterschiedlich traf. Selbst der renommierte belgische Ökonom Paul De Grauwe musste als Euro-Befürworter eingestehen, dass sich die Länder in Europa nach wie vor ungleich entwickeln:»Deutschland und Österreich haben stark zugelegt, Italien, Spanien und Griechenland haben sich verschlechtert. Das schafft langfristige Probleme. Früher hätte ein Land wie Italien abgewertet, aber das geht nicht mehr. Jetzt muss es den schweren Weg gehen.«

Da die Währungsabwertung nicht mehr möglich ist, können Staaten nunmehr die Löhne kürzen:»Wenn das jedoch der einzige Mechanismus bleibt, um Wettbewerbsfähigkeit wiederzuerlangen, dann hat die Eurozone ein großes Problem«, so De Grauwe weiter.

Ebenso wies er darauf hin, dass es eine Währungsunion nicht ohne politische Union geben kann:»Wenn Europa nicht an einer politischen Uni-

---

[94] *Süddeutsche Zeitung*, 2.9.1998.
[95] *Süddeutsche Zeitung*, 30.10.2000.

on arbeitet, dann ist der Euro gefährdet. Er wird nicht verschwinden, aber manche Staaten werden aussteigen. Man muss den Leuten klar sagen: Wenn ihr keine politische Union wollt, dann könnt ihr den Euro langfristig vergessen.«[96]

Davon jedoch war bei der Euro-Einführung nie die Rede gewesen. Wie wir später noch sehen werden, führt eine solche politische Union zwangsläufig zu einem undemokratischen, von Brüssel aus regierten Zentralstaat, in dem die einzelnen Länder nur noch ausführende Organe sind.

Bei der Diskussion über eine Europäische Einheitswährung werden häufig der US-Dollar und die USA als großer Währungsraum angeführt, um die scheinbaren Vorteile zu demonstrieren. Tatsächlich sind jedoch gerade die USA ein gutes Beispiel dafür, dass eine Einheitswährung für unterschiedlich strukturierte Gebiete nur schlecht oder gar nicht funktionieren kann.

Die USA – Spannungen durch gemeinsame Währung

Wie unterschiedlich sich die Bundesstaaten in den USA entwickeln, wird an folgenden Zahlen deutlich: Im Schnitt hatten die Bundesstaaten New Mexiko, Arizona, Nevada und Iowa Wachstumsraten zwischen neun und zwölf Prozent, während Hawaii und Alaska eine schrumpfende Wirtschaft aufwiesen.[97] Dies verwundert insofern wenig, als es auf dem großen nordamerikanischen Kontinent die unterschiedlichsten Klimazonen und damit auch wirtschaftlichen Strukturen gibt. Ein Teil ist mehr landwirtschaftlich, der andere mehr industriell geprägt. Eine gemeinsame Währungspolitik kann unmöglich allen Regionen zugleich gerecht werden – es kommt zu Spannungen, welche sich in regionalen Rezessionen und damit Arbeitslosigkeit ausdrücken. Nur durch die ständige Ab- und Zuwanderung von Arbeitskräften können die Unterschiede mehr schlecht als recht kaschiert werden. Das gleiche gilt natürlich auch

---

[96] *Der Standard*, 25.6.2007.
[97] *Handelsblatt*, 21.8.1998.

in Europa: Für viele Menschen bedeutet das, dass sie nie in der Lage sein werden, sich eine Existenz aufzubauen, und dazu verurteilt sind, immer den wechselnden Konjunkturzonen auf dem Kontinent hinterherzulaufen. Die stärkeren Staaten würden dabei von einer Einwanderungswelle überschwemmt, welche zu einem deutlichen Druck auf das Lohnniveau führen dürfte. Wegen unterschiedlicher Sprache und Kultur der Migranten würden diese Wanderungsbewegungen längst nicht so akzeptiert wie in den USA, Fremdenfeindlichkeit und Unruhen stünden auf der Tagesordnung.

Ähnlich beschrieb auch der Nobelpreisträger für Wirtschaftswissenschaft, Professor Milton Friedman, schon 1997 die Problematik: In den USA müssen die unterschiedlichen Entwicklungsgeschwindigkeiten der einzelnen Bundesstaaten durch die Ab- und Zuwanderung der Arbeitskräfte ausgeglichen werden. Dies sei hier unter Schwierigkeiten möglich, weil das Umfeld – wie gemeinsame Sprache, Kultur etc. – gegeben sind, was in Europa wegen Sprach- und Kulturbarrieren nicht der Fall ist. In Europa sah Friedman in den bis dato bestehenden flexiblen Wechselkursen einen äußerst nützlichen Anpassungsmechanismus und befürchtete durch die Einführung des Euros wachsende Spannungen.[98]

Diese Spannungen in den USA werden sich in der Wirtschaftskrise, die 2008 mit Pauken und Trompeten begann, noch weiter verstärken. Unter anderem deshalb geht auch der russische Experte Professor Igor Panarin von einem Zerfall der USA aus: Laut seiner Prognose wird das Land in sechs Teile zerfallen: 1.) die Pazifikküste mit der wachsenden chinesischen Bevölkerung, 2.) den Süden mit den mehrheitlich Spanisch sprechenden Einwohnern, 3.) Texas, wo die Unabhängigkeitsbewegung wächst, 4.) die Atlantikküste, an der völlig unterschiedliche Menschengruppen und Mentalitäten vertreten sind und die eventuell in zwei Teile zerfällt, 5.) die fünf ärmeren zentralen Bundesstaaten und 6.) den Norden, wo der kanadische Einfluss stark ist.[99]

---

[98] Prof. Milton Friedman, Deutsche Bundesbank/Auszüge aus Presseartikeln, 12.9.1997.
[99] *Mmnews*, 26.11.2008

Beim Euro sieht es nicht besser aus – auch hier werden die wachsenden Spannungen zu einem Zerfall führen.

Schon jetzt sind regionale Preisanpassungen durch den Euro nicht mehr möglich, sondern müssen sich am Euro-Raum im Ganzen orientieren. So beklagte der Branchenverband der elektronischen Bauelemente bereits im Jahr 2000, dass Anpassungen an lokale Preisverhältnisse immer weniger möglich seien und es jetzt schon kein Preisgefälle zwischen Ländern mit großer und geringer Wirtschaftskraft mehr gebe. Der Druck auf die Preise werde zunehmend steigen und durch weitere Rationalisierungsmaßnahmen ausgeglichen werden müssen.[100] Früher hatte jede Wirtschaftsregion eigene, durch den jeweiligen Wechselkurs angepasste Preise, nun wird durch die Euro-Verrechnungseinheit alles gleichgeschaltet – womit strukturschwache Gebiete verarmen. Statt dass die Anpassungen unterschiedlicher Produktivität schmerzlos über Wechselkurse erfolgen würden, wirken sich nun die Ungleichheiten dahingehend aus, dass ganze Regionen einfach ihre Wettbewerbfähigkeit verlieren, was mit Arbeitslosigkeit und Armut verbunden ist. Um ein weiteres Absinken strukturschwacher Regionen zu verhindern, sind deshalb Transferleistungen der stärkeren Gebiete nötig.

---

[100] *Süddeutsche Zeitung*, 26.1.2000.

»Die deutsche Währungsunion hat gezeigt, welche Verwerfungen entstehen, wenn diese Regel (dass der Wegfall der Wechselkurse letztlich zu sinkenden Löhnen führt, d.A.) missachtet wird. Ein Transfersystem würde nötig, das für Europa eine enorme Sprengkraft besäße.«

Lutz Hoffmann, ehemaliger Leiter des Deutschen Instituts für Wirtschaftsforschung (DIW)[101]

Transferlasten durch den Euro

In den starken Ländern wird mit weniger Geldkapital mehr erzeugt, was eine höhere Rendite des eingesetzten Kapitals bedeutet. In den schwächeren Regionen entstehen in der Folge durch Kapitalflucht große Armut, Unruhe und Unzufriedenheit. Um eine absolute Verarmung zu verhindern, werden dann große Transferleistungen von den starken (in erster Linie Deutschland) zu den schwachen Ländern (Spanien, Portugal, Italien, Griechenland, Belgien) nötig. Vermutlich war die Hoffnung auf Unterstützungsgelder auch der Hauptgrund für die weniger produktiven Nationen, die europäische Einheitswährung schnell zu fordern. Bei Transferleistungen ist der Streit jedoch schon vorprogrammiert: Wer soll wie viel zahlen, und wer bekommt welchen Betrag? Den Zahlern ist es immer zu viel, den Empfängern zu wenig. So etwas nennt man Sozialismus! Am Ende ist die Gefahr groß, dass alles – wie in Jugoslawien geschehen – in großen gewaltsamen Konflikten untergeht. Der Spekulant und Multimilliardär George Soros warnte bereits davor, dass es in Frankreich mit dem Hang der Franzosen zum Aufruhr eine Revolte geben könnte, falls die Arbeitslosigkeit unter den Maastrichter Zwängen nicht bekämpft werde. Genauso sieht es der US-Ökonom und Währungsfachmann Rudi Dornbusch, der die europäische Einheitswährung als »Euro-Phantasien« bezeichnete und schon 1996 ein hohes Rezessionsrisiko, verbunden mit der Gefahr politischer

---

[101] *Süddeutsche Zeitung*, 30.7.1998.

Unruhen, kommen sah.[102] Ebenso betrachtete es der Direktor der Schweizer Nationalbank Georg Rich, der den Hauptnachteil des Euros darin sah, dass sich die Europäische Zentralbank an Europa im Ganzen orientieren muss und keine Rücksicht auf die einzelnen sehr unterschiedlichen Regionen nehmen kann.[103] Der Euro schade somit sowohl den wirtschaftlich starken Ländern, die durch einen ständigen Kapitaltransfer die Schwachen stützen müssen, als auch den weniger produktiven Staaten, die in Abhängigkeit geraten. Diese Transferlasten, die von der Bevölkerung stärkerer Staaten aufgebracht werden müssen, werden zusätzlich zu Wanderungsbewegungen in Europa die Aggressionen zwischen den Staaten weiter anheizen. Wie soll der Bevölkerung auch klargemacht werden, dass sie nun auf Einkommen verzichten soll, um schwächere Regionen in Europa zunehmend unterstützen zu können? Schon innerhalb Deutschlands ergeben sich durch Transferlasten ernstzunehmende Differenzen zwischen den einzelnen Bundesländern – in der EU ist das keineswegs besser.

Transferlasten bringen Streit – der deutsche Länderfinanzausgleich

Der sich verschärfende Streit um den deutschen Länderfinanzausgleich ist ein weiteres Beispiel dafür, dass eine Transferunion langfristig zum Konflikt führt. Um eine Verarmung der wirtschaftlich schwächeren nord- und ostdeutschen Länder zu vermeiden, müssen sie von den süd- und westdeutschen Bundesländern finanziell unterstützt werden. Einen deutlichen Hinweis auf die unterschiedliche Produktionskraft in Deutschland zeigt sich in der Arbeitslosigkeitsverteilung: Dabei ist die Rate in Ostdeutschland mit über 15 Prozent sehr hoch, in Norddeutschland mit zehn bis 15 Prozent im mittleren Bereich und in Süddeutschland mit unter zehn Prozent eher gering. Diese Zahlen spiegeln die Produktivkraft der drei Regionen wider.

Durch eine gemeinsame Währung wird das Kapital bevorzugt in den rentableren süd- und westlichen Bundesländern investiert, wobei die Arbeitslosigkeit in den übrigen Regionen höher ausfällt, trotz Zahlungen durch

---

[102] *Die Welt*, 23.12.1996.
[103] *Neue Zürcher Zeitung*, 1./2.6.96.

den Länderfinanzausgleich. Tatsächlich ist Deutschland in diesem Sinne recht inhomogen: So wies bereits die Gemeinschaft zum Schutz der deutschen Sparer darauf hin, dass die Arbeitslosigkeit in Deutschland vor der Euro-Einführung von 6,3 Prozent in Bayern bis zu 19,4 Prozent in Sachsen-Anhalt reichte. Die Einkommen divergierten ebenso deutlich und seien ein deutliches Indiz für die unterschiedliche Produktivität in Deutschland.[104] Nur durch den Länderfinanzausgleich könne hier überhaupt eine gemeinsame Währung gehalten werden. Dabei müssten die Länder teilweise bis zu 80 Prozent ihrer Steuereinnahmen abgeben.[105] Kein Wunder, dass die Streitigkeiten hier immer größer werden.

Aus wirtschaftlicher Sicht wäre in Deutschland die Schaffung von drei Währungszonen mit freiem Wechselkurs zueinander zu überlegen: Süddeutschland, Norddeutschland und Ostdeutschland. Innerhalb anderer Nationen wie etwa Italien, Belgien oder den USA sind die Differenzen teils noch größer. Auch hier wären eher mehr Währungsgebiete statt weniger nötig. Schon im Europäischen Währungssystem waren die Spannungen so groß, dass viele Nationen durch festgelegte Wechselkurse in wirtschaftliche Schwierigkeiten gerieten. Der Nobelpreisträger Milton Friedman wies zu Recht darauf hin, dass in den vergangenen 40 Jahren nur diejenigen Länder in Europa hoher Arbeitslosigkeit entgingen, die aus dem System fester Wechselkurse ausgebrochen sind.[106] Wie soll hier ein friedliches Europa entstehen? Anstatt Lehren daraus zu ziehen und zu erkennen wie wert- und sinnvoll freie Wechselkurse zwischen sich unterschiedlich entwickelnden Regionen sind, wurde das Projekt »gemeinsame Währung« wie geplant auf ganz Europa ausgedehnt. Es muss die Frage gestellt werden, ob es für Europa nicht besser gewesen wäre, mehr Währungsgebiete einzuführen, anstatt eine jede marktwirtschaftliche Selbstregulation verhindernde Einheitswährung anzustreben? So besteht zum Beispiel in Italien ein starkes wirtschaftliches Nord-Süd-Gefälle. Das Verhältnis der Staatsausgaben – die Transferleistungen machen einen beträchtlichen Anteil daran aus – zum Sozialprodukt liegt im Süden bei 70 Prozent. Dabei übertreffen Konsum und Investitionen im Süden das So-

---

[104] Mitteilungen der Gemeinschaft zum Schutz der deutschen Sparer, Bonn 9.9.1998.
[105] *Süddeutsche Zeitung*, 30.7.1998
[106] *Berliner Zeitung* 27.3.1998

zialprodukt um mehr als 15 Prozent. Die hohen Ausgleichszahlungen wären hingegen nicht nötig, wenn beide Regionen eigene Währungen besäßen.[107] Auch in Großbritannien kann die gemeinsame Geldpolitik weder dem wirtschaftlich schwächeren Norden noch dem stärkeren Süden gerecht werden. Am Ende geraten beide Regionen in Schwierigkeiten.[108] Die Geschehnisse der letzten Jahre sind also wieder der beste Beweis dafür, dass die Einführung einer starken Währung in einem schwachen Land zum Zusammenbruch führen muss.

---

[107] Dr. Martin Lusser, Präsident des Direktoriums der Schweizer Nationalbank; Deutsche Bundesbank/Auszüge aus Presseartikeln 6.9.1995.
[108] *Frankfurter Allgemeine Zeitung*, 23.10.1998.

»Für große Teile Europas wird es nicht mehr möglich sein, sich aus Phasen schwachen volkswirtschaftlichen Wachstums durch die Abwertung von Wechselkursen zu befreien.«

Paul Volcker, Ex-Zentralbanker, USA[109]

Der Zusammenbruch – Einheitswährungen funktionieren nicht

Was uns mit dem Euro erwartet, darüber können wir uns heute in einer Reihe von Ländern informieren, die fatalerweise fremde Währungen für den eigenen Wirtschaftsraum übernommen haben. Man beachtet bei solchen Entscheidungen gar nicht, dass jede Währung dem entsprechenden Wirtschaftsraum angepasst sein muss: Wenn also eine starke Währung in einem schwachen Land eingeführt wird, dann stärkt dies keinesfalls das Land, sondern führt durch die einsetzende Kapitalflucht zu einem Bankrott der Wirtschaft.

Dabei ist eine solche Übernahme einer Währung – wie des Euros für Europa – kaum mehr rückgängig zu machen, wohingegen der Fehler fester Wechselkurse durch Freigabe derselben unter großen Opfern wenigstens teilweise korrigiert werden kann. Wohin das Euro-Einheitsprojekt steuert, zeigt sich im nicht enden wollenden Konflikt im Kosovo.

Der ewige Krieg auf dem Balkan

Die ungünstigen Folgen der Übernahme einer starken Währung in einem wirtschaftlich schwachen Land zeigten sich im Kosovo: Nach Einführung der D-Mark und später des Euros als offizieller Währung, musste der stellvertretende Chef der UN-Verwaltung Tom Koenigs erklären, dass im Kosovo keine Währung vorhanden sei. Er sagte, dass vier Tonnen Bargeld in

---

[109] *Handelsblatt*, 26.3.1998.

kleinen und mittleren Scheinen nötig wären, die man rund 60.000 Menschen im Kosovo in die Hand geben müsse, um überhaupt Kaufkraft in die Region zu bringen.[110] Der Euro werde entweder gehortet oder fließe in das produktivere Deutschland zurück – ein Tauschmittel sei im Kosovo deshalb nicht vorhanden, und die Verhältnisse verschlimmerten sich. Da es zu einer dauernden Depression durch Kapitalflucht komme und eine Beruhigung der Lage durch Aufleben der Wirtschaft ausgeschlossen sei, müsse der Kosovo auf absehbare Zeit im Krieg verharren.

Neben dem Kosovo führte auch Montenegro zuerst die D-Mark, dann den Euro als offizielle Zweitwährung ein. Nach Angaben des Wirtschaftsprofessors Klaus-Dirk Henke könne sich das Land keine eigene Währung leisten, weil die Devisenreserven zu gering seien.[111] Diese Aussage entspringt einem mangelnden Verständnis dafür, was eine Währung überhaupt darstellt. Der Wert einer Währung bemisst sich nämlich keinesfalls an irgendwelchen Devisenreserven, sondern hängt letztlich nur von der Leistungsfähigkeit der Bevölkerung ab, so dass Devisenreserven prinzipiell völlig unnötig sind. Ende 2000 wurde dann sogar die D-Mark und später der Euro als alleiniges Zahlungsmittel eingeführt, der damit, wie schon zuvor in Bosnien-Herzegowina und dem Kosovo, die nationale Währung verdrängte.[112] Auch die kroatische Nationalbank erklärte schon, den Euro als Zweitwährung einführen zu wollen.[113] Die Folgen, die sich zwangsläufig aus der Kapitalflucht ergeben, sind heute bereits absehbar, genauso wie die politischen Spannungen, die daraus resultieren und den ganzen Balkan destabilisieren. Doch scheinen die Verantwortlichen ein großes Interesse daran zu haben, dass die ganze Welt von irgendwelchen Fremdwährungen, meist dem Dollar, abhängig ist.

Mit welchem Nachdruck, auch entgegen der eigenen Bevölkerung, dabei vorgegangen wird, zeigte das Beispiel Ecuador.

---

[110] *Süddeutsche Zeitung*, 7.2.2000.
[111] *Die Welt*, 3.11.1999.
[112] *Die Welt*, 14.11.2000.
[113] *Süddeutsche Zeitung*, 21.2.2001

»Manche Länder diskutieren ja sogar, ob man die eigene Währung ganz abschaffen soll. Das ist eine Entscheidung, die allerdings wohlüberlegt sein will. Denn mit dem Verzicht auf die eigene Währung verliert die nationale Wirtschaftspolitik zwei Handlungsoptionen: den Wechselkurs und die Geldpolitik. Die Frage, an welcher Währung sie sich orientieren, ist dagegen wohl eher zweitrangig ...«

Ernst Welteke, ehemaliger Präsident der
Deutschen Bundesbank[114]

Ecuador – mit dem Dollar in die Armut

Interessant war die zwangsweise Einführung des Dollars in Ecuador. Im Herbst 1999 konnte Ecuador seine Schulden nicht mehr bedienen und musste als erstes Land seit langem die Zahlungsunfähigkeit erklären. Dadurch stürzte die Währung ab, weshalb der Präsident die Einführung des Dollars forderte. Dagegen rebellierte die Bevölkerung, mehrheitlich Indianer. Den Indianern war offensichtlich klar, dass diese Maßnahme eine weitreichende Verarmung zur Folge hätte. Die Revolte wurde dadurch beendet, dass der Präsident zurücktrat und Vizepräsident Gustavo Noboa das Amt übernahm. Schon in einer der ersten Erklärungen sagte jedoch Noboa, trotz unzähliger Demonstrationen und Proteste der Bevölkerung, dass auch er den Dollar auf alle Fälle einführen werde. Im März 2000 brachte Noboa dann das Reformpaket durch das Parlament, was die internationalen Finanzorganisationen gleich mit einer Zusage für einen Dreijahreskredit über 2,045 Milliarden Dollar unterstützten. Die einheimische Währung sollte danach nach argentinischem Vorbild zu einem Kurs von 1:25.000 gesetzlich an den Dollar angebunden und der US-Dollar sogar als offizielles Zahlungsmittel eingeführt werden. Doch mit dem angekündigten Kredit wachsen die ohnehin schon horrenden Auslandsschulden von über 15 Milliarden Dollar weiter an. Durch die Anbindung der Währung an den Dollar steigen auch die Preise auf internationales Niveau, was die Armen (60 Prozent der Bevölkerung) künftig

---

[114]   Deutsche Bundesbank, Auszüge aus Presseartikeln, 3.2.2000.

noch ärmer machen wird.[115] Ende 2000 wurde dann die Landeswährung Sucre nach 116 Jahren endgültig durch den US-Dollar ersetzt.[116] Offenbar scheinen bei Währungsfragen weder demokratische noch wirtschaftliche Entscheidungen eine Rolle zu spielen. Ecuador jedenfalls wird durch die Dollareinführung den Bankrott erleben. In einer neuen Wirtschaftskrise wird sich das Kapital sofort in den stärkeren Währungsraum Amerika zurückziehen, und die Wirtschaft in Ecuador muss zusammenbrechen, weil das Tauschmittel Geld fehlt.

Leider hatte man aus all diesen Beispielen nichts gelernt und wollte den Dollar gar in weiten Teilen Mittel- und Südamerikas als Währung einführen. Zu diesen Ländern gehörten neben Ecuador auch El Salvador und Guatemala, die schon planten, den Dollar als nationales Zahlungsmittel zuzulassen.[117] El Salvador hat seit 2001 den US-Dollar als Parallelwährung eingeführt. Die Folgen dieser Entscheidungen waren bereits vorher absehbar: Die Länder wurden jeglicher Währungssouveränität beraubt und behielten keinen Handlungsspielraum für die Wirtschaftspolitik mehr.

Neben diesen Beispielen aus dem Ausland haben wir mit der Deutschen Wiedervereinigung und der Einführung der D-Mark in der ehemaligen DDR eines der besten Beispiele dafür, wie eine starke Währung in einem schwachen Land die Unternehmen bankrottgehen lässt und das Land in eine dauernde Depression stürzt. Besonders interessant ist es, wie genau die gleichen Verantwortlichen, die damals das deutsch-deutsche Projekt durch falsche währungspolitische Vorstellungen regelrecht scheitern ließen, wenig später eine Einheitswährung sogar auf ganz Europa ausdehnen wollten.

---

[115] *Süddeutsche Zeitung*, 13.3.2000.
[116] *Die Welt*, 11.9.2000.
[117] *Süddeutsche Zeitung*, 29.12.2000.

»Die Geschichte der Wiedervereinigung sei ein ›Musterbeispiel dafür, dass für das Primat der Politik über die Ökonomie oftmals ein hoher Preis zu zahlen ist.‹ Nach den Worten Horns (Leiter der Konjunkturabteilung beim DIW, d. A.) führte die ›extrem hohe Aufwertung der Mark der DDR zum Verlust der wirtschaftlichen Leistungsfähigkeit und der Konkurrenzfähigkeit auf den Weltmärkten.‹«

Die Welt, 28.6.2000, zur DIW Studie: »Zehn Jahre
deutsche Währungs-, Wirtschafts- und Sozialunion«

Argument gegen jede Einheitswährung: Die D-Mark-Einführung in der DDR

Der Zusammenbruch der DDR im Jahr 1989 kam für viele Politiker sehr überraschend. Zunächst herrschte große Ungewissheit darüber, in welche politische und wirtschaftliche Richtung sich Deutschland weiterhin entwickeln würde. In dieser Zeit des Aufbruchs fällte jedoch der damalige Bundeskanzler Helmut Kohl eine folgenschwere Fehlentscheidung, als er plötzlich die Einführung der D-Mark in der DDR forderte. Durch kräftige Unterstützung der Medien wurde in der Masse der Wunsch nach der Westwährung erzeugt. Natürlich informierte man die DDR-Bewohner nicht über die katastrophalen Folgen, welche die Einführung der Westwährung zeigen musste. Dabei war die Einführung der D-Mark in der damaligen DDR schon mehr als seltsam: Noch am 6. Februar 1990 wies der damalige Bundesbankpräsident Karl Otto Pöhl die Idee einer einheitlichen Währung als »sehr phantastisch« zurück; am selben Abend machte Kohl das Angebot zum deutsch-deutschen DM-Verbund. Pöhl kündigte im Mai 1991 seinen vorzeitigen Rücktritt an.[118] Der ehemalige Bundesbankpräsident erklärte zehn Jahr später, dass die Bundesbank von der Entscheidung überrumpelt worden sei. Sogar das Bundeskabinett sei nicht informiert gewesen, nur vier Parteivorsitzende

---

[118] *Süddeutsche Zeitung*, 30.8.1999.

haben davon gewusst.[119] Nach Einführung der D-Mark kam es augenblicklich zu einem Zusammenbruch der im Vergleich zu anderen Ostblockländern guten Wirtschaft in der DDR. Außerdem fiel über Nacht der gesamte Außenhandel mit der Sowjetunion (der größte Außenhandel der Welt zwischen zwei Ländern) weg, da die harte D-Mark jeden Handel mit einem schwachen Rubel abwürgte. Durch einen entsprechend günstigen Wechselkurs der Ost-Mark gegenüber der D-Mark hätte die DDR mit dem Westen, genau wie heute Spanien in Europa, konkurrieren können. Mit Einführung des Westgeldes jedoch, musste auf Basis einer für dieses Land viel zu harten Währung konkurriert werden. So kamen die neuen Bundesländer in Abhängigkeit vom Westen. Nach einer Währungsaufwertung um fast 400 Prozent folgten sofort Betriebsschließungen, was zu Massenarbeitslosigkeit führte.[120] Daneben wurden durch den Umtausch der Ost-Mark in die D-Mark im Verhältnis 1:1 auch sämtliche Schulden in hartes Geld umgewandelt. Genauso mussten die Löhne plötzlich in D-Mark ausbezahlt werden. Ex-Bundesbankpräsident Pöhl meinte dazu: »Die damaligen Fehler sind sehr einfach zu beschreiben. Man hat gar nicht darüber nachgedacht, ob man nicht einen Wechselkurs für die Einführung der DM in Ostdeutschland zu Grunde legen sollte. Die Betriebe mussten von einem Tag auf den anderen ihre Löhne in DM bezahlen, und zwar die gleichen Löhne, die sie vorher in Ost-Mark bezahlt hatten. Und das konnte natürlich niemand. Alle Betriebe waren faktisch zahlungsunfähig von einem Tag auf den anderen. ... Die Konsequenzen sind heute ganz klar. Die frühere DDR ist weitgehend deindustrialisiert ...«[121]

[119] *Süddeutsche Zeitung*, 29.6.2000.
[120] Prof. Dr. Jochimsen, Präsident der Landeszentralbank Nordrhein-Westfalen; Deutsche Bundesbank/Auszüge aus Presseartikeln 3.7.97.
[121] *Süddeutsche Zeitung*, 29.6.2000

»Eine bodenlose Naivität – um nicht ein schlimmeres Wort zu wählen – nicht zuletzt im Angesicht der bevorstehenden Wahlen 1990 – prägte die Finanzplanung.«

Professor Reimut Jochimsen, ehemaliger Präsident der Landeszentralbank Nordrhein-Westfalen

Gewaltiger Zusammenbruch durch inkompetente Entscheidungen

Nur durch massive Transferleistungen kann heute ein Abrutschen der »neuen Bundesbürger« auf das unterste soziale Niveau verhindert werden. In diesem Zusammenhang wies eine Studie des Rheinisch-Westfälischen Instituts für Wirtschaftsforschung (RWI) darauf hin, dass die Transferlasten auf unbestimmte Zeit weiter in hohem Umfang nötig seien. Daneben habe sich der Schuldenstand der ehemaligen DDR in nur zehn Jahren auf über 3.400 Euro pro Einwohner erhöht. Für eine ähnliche Verschuldung habe der Westen 50 Jahre benötigt.[122] Ein Drittel des Konsums muss durch Gelder aus dem Westen finanziert werden. Studien gehen davon aus, dass die neuen Bundesländer noch bis zu 30 Jahre lang auf kräftige Unterstützung angewiesen sind.[123] Trotz dieser massiven Hilfszahlungen konnte jedoch eine Abwanderung aus den neuen Bundesländern nicht verhindert werden. So ist der Bevölkerungsstand von Städten wie Dresden oder Leipzig durch Abwanderung der Bevölkerung nach Westdeutschland unter das Niveau von 1908 abgerutscht.[124] Durch Beibehaltung der Ost-Mark wäre das Kapital, welches heute nach Tschechien oder Ungarn fließt, in die politisch und gesellschaftlich viel stabileren neuen Bundesländer geflossen. Bei gleichzeitiger Unterstützung des Westens wäre hier Massenarbeitslosigkeit und Niedergang vermieden und die Grundlage für dauerhaften Wohlstand geschaffen worden. Heute sind die Wachstumsraten bereits hinter den westdeutschen zurückgeblieben. Das Bruttosozialprodukt pro Einwohner ist gerade halb

[122] *Süddeutsche Zeitung*, 17.7.2000.
[123] *Die Welt*, 31.3.2000.
[124] *Die Welt*, 31.5.1999.

so groß wie in Westdeutschland, die Lohnstückkosten sind um ein Viertel höher.[125] Damit werden die neuen Bundesländer wohl auf absehbare Zeit hinaus zum Armenhaus Deutschlands gehören. Wahrscheinlich wird das geeinte Deutschland unter dem Währungsdruck langfristig zerbrechen. Mit Recht wies der ehemalige Bundestagspräsident Wolfgang Thierse darauf hin, dass der Osten sozial und wirtschaftlich »auf der Kippe« stehe. Nach einer Prognose des Deutschen Instituts für Wirtschaftsforschung wird das Wirtschaftswachstum auch künftig hinter dem westdeutschen zurückbleiben. Gleichzeitig sei eine dramatische Abwanderung zu registrieren.[126] Thierse erklärte später nochmals, dass ein abhängiger Osten zwar zu schwach sein mag, um die Republik und ihre neugewonnene Einheit zu gefährden, beschädigen könne er sie jedoch durchaus.[127] Die anderen Staaten des Ostblocks konnten demgegenüber durch ihre eigenständigen Währungen den Großteil ihrer Industriearbeitsplätze retten, obwohl die DDR wesentlich konkurrenzfähiger gewesen wäre. Beispielsweise konnten Tschechien 68 Prozent, Ungarn 77 Prozent und Polen 85 Prozent der Industriearbeitsplätze erhalten, während dies in der DDR nur 19 Prozent waren.[128] Auch wenn es andere Ursachen wie eine falsche Bodenpolitik und Subventionen für westdeutsche Firmen gab, war die Währungsumstellung dennoch der Hauptfaktor für den Niedergang der neuen Bundesländer.

Die katastrophale Umstellung der neuen Bundesländer auf das Westgeld erfolgte dabei nicht unwissentlich, sondern absichtlich. So war einem Artikel der Süddeutschen Zeitung[129] über die Kohl-Biografie von Klaus Dreher zu entnehmen, dass der damalige Bundeskanzler gut über die eigentlichen wirtschaftlichen Verhältnisse in der DDR Bescheid wusste: »Helmut Kohl kannte bei seinem ersten Besuch in der DDR nach dem Mauerfall am 19. Dezember 1989 die wirtschaftlichen Schwierigkeiten des sich auflösenden zweiten deutschen Staates sehr genau. ... Dennoch entschloss sich Kohl schon Anfang Februar 1990, in der DDR eine Wirtschafts- und

---

[125] *Die Welt*, 21.9.1999.
[126] *Die Welt*, 11.1.2001.
[127] *Die Welt*, 19.3.2001
[128] *Die Zeit* 20.5.1998.
[129] *Süddeutsche Zeitung*, 2.10.1997; Über die Kohl-Biographie des langjährigen Bonner Büroleiters der SZ, Klaus Dreher. Zitiert von G. Hannich aus dem Original

Währungsreform als alleiniges Heilmittel zur Behebung der wirtschaftlichen Not einzuleiten. Das war einer der einsamen Entschlüsse, die er
ohne Beratung mit seinen Fachleuten und gegen den Rat der Experten
traf.« Dabei wurde die Entscheidung, die D-Mark einzuführen, entgegen den Forderungen der Notenbank erhoben, wie Dreher schrieb: »Zu
der Zeit als er den Beschluss fasste und mit seinem Finanzminister Theo
Waigel besprach, lehnte der damalige Bundesbankpräsident Karl Otto
Pöhl in Übereinstimmung mit seinem DDR-Kollegen Horst Kaminski eine überhastete Einführung der D-Mark ab. Er wurde später von Waigel
auf die Linie der Regierung gezwungen.« Bei diesen Beschlüssen scheinen ökonomische Gründe kaum eine Rolle gespielt zu haben, da offenbar nach rein machtpolitischen Gegebenheiten entschieden wurde. »Der
Grund für Kohls Drängen waren die Volkskammerwahlen, die in der
DDR vor der Tür standen«, so Dreher weiter. Vor allem die Entscheidung, die Währung im Verhältnis 1:1 statt 1:6 umzutauschen, verursachte später große Probleme, weil damit die Schulden der Betriebe ebenfalls
aufgewertet wurden. Dazu Dreher in seiner Kohl-Biografie: »Vollends ent-
setzt waren die Fachleute, als der Kanzler noch einen Schritt weiterging
und verkündete, die DDR-Mark werde im Verhältnis 1:1 zur D-Mark umgestellt. ... Wirtschaftlich bewirkte die Umstellung der Währung eine Katastrophe.« Genauso warnte der heutige IWH-Vorsitzende Rüdiger Pohl
Bundeskanzler Kohl 1990 vor einer Währungsunion mit ihren katastrophalen Folgen und erklärte zehn Jahre später: »Bei einer eigenen Währung
hätte über den Wechselkurs Einfluss genommen und mit einer Abwertung
der Anpassungsdruck vermindert werden können. Doch mit der politisch
gewollten Währungsunion entfiel diese Möglichkeit. Die DDR-Betriebe
sind rasant in die roten Zahlen gerutscht. Den sofortigen Crash konnten
nur hohe Subventionen abwenden.«[130] Das Deutsche Institut für Wirtschaftsforschung (DIW) erklärte, dass auch ein westliches Industrieland
eine solch extreme Aufwertung seiner Währung nicht verkraftet hätte. Als
»nicht akzeptabel« bezeichnete Lutz Hoffmann, der langjährige Leiter des
Instituts, die Behauptung, dass es zur schnellen D-Mark-Einführung keine Alternative gegeben habe. Vor allem die Umstellung im Verhältnis 1:1 –
beziehungsweise 1:2 bei Sparvermögen – habe dramatische Folgen gehabt

---

[130] *Die Welt*, 1.7.2000.

und dazu geführt, dass die ostdeutsche Produktion um die Hälfte einge-
brochen und die Wirtschaftsleistung auf 30 Prozent gefallen sei.[131] Man
muss sich diese Verantwortungslosigkeit der damaligen Politiker einmal
vor Augen führen! Noch am 8. Februar 1990 hatte das DIW nachdrück-
lich auf die Gefahren der D-Mark-Einführung hingewiesen, und einen
Tag später bezeichnete auch der Sachverständigenrat die Währungsunion als das falsche Mittel. Und zu allem Überfluss unterschrieben die gleichen Verantwortlichen, die die deutsche Einheit mit falschen Entscheidungen in die Krise gebracht hatten, später den Maastrichter Vertrag zur
Einführung des Euros. Am Beispiel der ehemaligen DDR wird deutlich,
wie massiv eine starke Währung in einem schwachen Land die Wirtschaft
zerstört. Man kann sich deshalb vorstellen, welchen Schaden der Euro in
Europa anrichten muss.

Angesichts der Tatsache, dass bisher jedes Programm, das die Einführung
einer starken Währung in einem schwachen Land bewirkte, zum Scheitern verurteilt war, stellt sich die Frage, warum die Verantwortlichen keine Lehren daraus gezogen haben. Stattdessen wurde vielmehr für ganz
Europa mit unterschiedlichsten Staaten eine Einheitswährung begründet, deren Folgen die der deutschen Einigung noch erheblich übertreffen
werden. Bei dieser Entscheidung spielt das übrige wirtschaftliche Umfeld
eine gewichtige Rolle.

---

[131] *Handelsblatt*, 28.6.2000.

DER EURO UND DIE WIRTSCHAFTSKRISE

»Knüpft man zwei Volkswirtschaften unterschiedlicher Stär-
ke zusammen, dann bedeutet es für die schwache Volkswirtschaft
Strukturzusammenbrüche und Arbeitslosigkeit, und diese müssen
finanziert werden. Insofern ist eine Analogie zur Vereinigungspro-
blematik gegeben, wenn man über Europa spricht. ... man kann
nur sagen, wenn eine schwache Währung wie die DDR-Währung
mit der weltstärksten Währung zusammengekoppelt wurde,
wie geschehen, dass das dementsprechend Konsequenzen für die
Struktur der schwächeren Volkswirtschaft hat, und hier bedeutet
die Währungsunion der beiden Teilstaaten ein interessantes, ver-
allgemeinerungsfähiges Beispiel ...«

Professor Wilhelm Nölling, ehemaliger Präsident
der Landeszentralbank Hamburg[132]

Wenn man den zu erwartenden Verlauf unserer Wirtschaft mit der Einheitswährung Euro klären möchte, ist es unverzichtbar, sich mit den
grundlegenden Fehlern unseres Finanzsystems vertraut zu machen. Der
Euro fällt dabei in eine Phase, in der die Wirtschaft ohnehin mit zunehmender Instabilität zu kämpfen hat. Den wenigsten Menschen ist heute
bekannt, dass es sich bei unserem Kapitalsystem als Ganzem um ein System mit Verfallsdatum handelt, das zwangsläufig zum Zusammenbruch
verurteilt ist.

---

[132]   Videokassette »Was tun wenn die D-Mark stirbt?«, *Polar Film und Medien*, 1996

Ein System mit Verfallsdatum

Unser Wirtschaftssystem baut letztlich auf einer immer schnelleren Ausweitung der Verschuldung auf. Dies bestätigt ein Blick auf die gesamtwirtschaftliche Finanzierungsrechnung der Deutschen Bundesbank: Betrug im Jahr 1960 die Gesamtverschuldung (Kredite von Staat, Wirtschaft und Privathaushalten) in Deutschland noch umgerechnet 155 Milliarden Euro, steigerte sich die Last bis 1980 schon auf 1.180 Milliarden Euro. Im Jahr 2000 wurde bereits die Grenze von 6.000 Milliarden Euro durchbrochen. Wie an diesen Zahlen deutlich wird, handelt es sich um ein exponentielles, also explosives Wachstum, das mit immer schnellerer Geschwindigkeit abläuft. Die Entwicklung bedeutet eine Verdopplung der Kredite alle zehn Jahre. Dadurch hat sich der Schuldenberg seit 1960 um mehr als das 33-Fache erhöht! Mit dieser Ausweitung der Verbindlichkeiten ist natürlich auch eine entsprechend steigende Zinslast verbunden. Demgegenüber wächst das Bruttoinlandsprodukt gemittelt über einen längeren Zeitraum nur linear, also

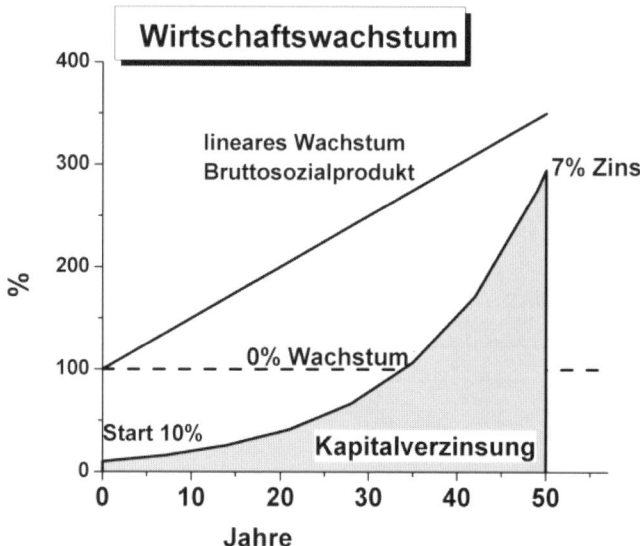

**Abb. 4: Modellrechnung der Entwicklung von
Kapitalkosten und Wertschöpfung**

um annähernd gleiche Beträge pro Jahr: Seit 1960 hat sich hier die Wirtschaftsleistung nicht einmal vervierfacht – sie wächst also mehr als achtmal langsamer als die Schuldenlast. Die Kapitalkosten für die Schulden beanspruchen so im Endeffekt einen immer größeren Anteil an der Wertschöpfung (siehe Abbildung 4).

Hintergrund der Verschuldungsspirale ist die Konstruktion unseres Geldsystems: Der Großteil des Geldes, das heute existiert, ist verzinst angelegt. Das bedeutet, dass die Geldvermögen jedes Jahr um den jeweils aktuellen Zinssatz wachsen. Dabei werden die gewonnenen Zinsen wieder angelegt und im nächsten Jahr mitverzinst. Das fatale bei einer solchen Zinseszinsentwicklung ist, dass der Zuwachs immer schneller vor sich geht, bis er letztlich explodiert. Betrachten wir dazu das theoretische Beispiel des sogenannten Josefspfennigs: Hätte beispielsweise jemand im Jahre null nur einen Pfennig zu fünf Prozent Zins angelegt, so wäre daraus durch Zinseszins im Jahr 1466 der Wert einer Erdkugel aus purem Gold geworden – die sich heute wiederum auf den Wert von über 200 Milliarden Erdkugeln aus Gold vermehrt hätten (siehe Abbildung 5).

Eine ähnliche Rechnung brachte der Investmentexperte Marc Faber, als er betonte, dass noch keine einzige Geldanlage je langfristig funktioniert habe. Er rechnete aus, dass ein Dollar, der im Jahr 1000 zu fünf Prozent Zins angelegt worden wäre, heute allein durch die aufgelaufenen Zinsgewinne das gesamte Bruttosozialprodukt der Welt um das Viermillionenfache übertreffen würde! Die gleiche Rechnung stellte Faber später zu der Erwartung an, der Dow-Jones-Aktienindex könne um 18 Prozent pro Jahr steigen, und kam zum Ergebnis, dass durch diese Wachstumsrate schon nach kurzer Zeit astronomische Werte erreicht würden. An diesen Beispielen wird deutlich, dass das Zinssystem immer nur wenige Jahrzehnte lang funktionieren kann, bis es von neuem zusammenbricht. Insofern ist es ein System mit Verfallsdatum. Während bei Zinsversprechen von 100 Prozent im Jahr jeder an ein »Schneeballsystem« denkt – also ein System, welches nur durch immer neue Anleger überhaupt die versprochene Rendite bezahlen kann –, wird bei einem Zinssatz von fünf Prozent kaum jemand misstrauisch. Dabei explodiert früher oder später *jedes* auf Zins auf gebaute System, wie die obigen Rechnungen verdeutlichen. Während das

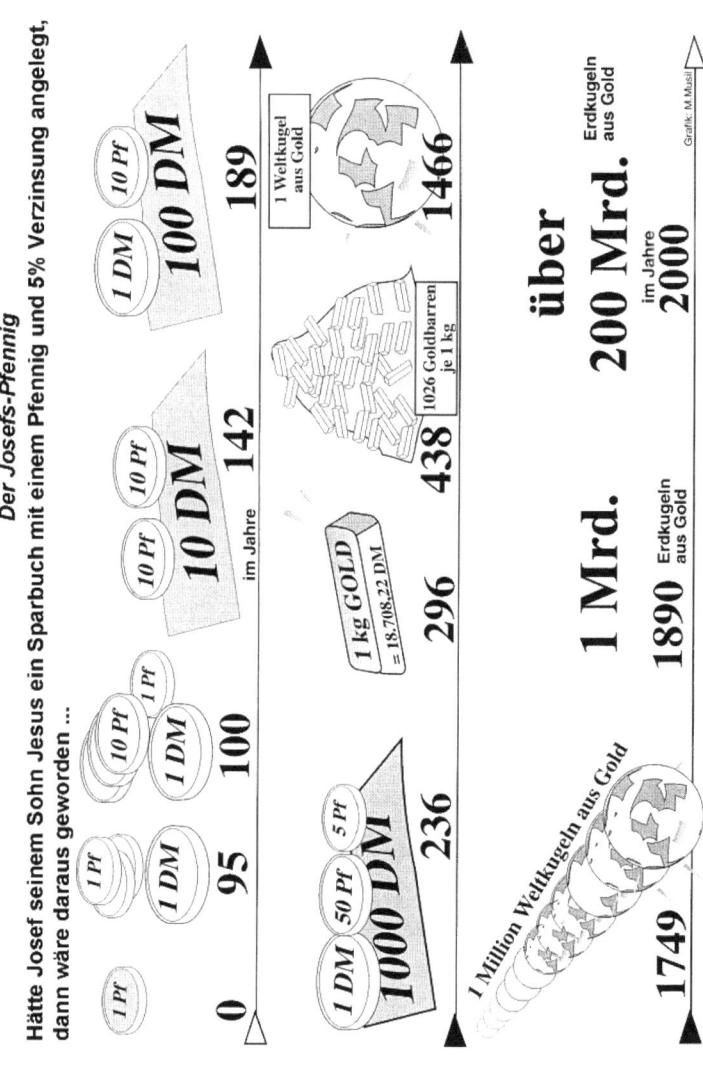

Abb. 5: Der Josefspfennig – Beispiel für ein Zerfallssystem

100-Prozent-Schneeballsystem innerhalb weniger Jahre zusammenbricht, dauert es bei unserem System mit einstelligen Zinssätzen mehrere Jahrzehnte. Weil ein solcher Zerfall »nur« alle zwei Generationen stattfindet, erkennen nur die wenigsten Menschen diese Zusammenhänge.

Wenn Sie an Ihr Vermögen denken, hört sich der Zinseszinseffekt noch sehr angenehm an: Sie gewinnen Geld, ohne dafür Leistung erbringen zu müssen, man lässt sein »Geld für sich arbeiten«. Was häufig vergessen wird, ist die andere Seite, die Verschuldung: Jede Mark, die jemand als Zinsgewinn verbuchen kann, muss ein anderer als Verschuldung registrieren. Dabei wachsen Vermögen und Schulden jeweils um den gleichen Betrag. Wenn jemand viel Geld besitzt, hat er hohe Zinsgewinne und kann entsprechend mehr Geld anlegen, womit sein Zinsertrag im nächsten Jahr noch größer ausfällt. Auf der anderen Seite steigt die Verschuldung der breiten Bevölkerung, welche für die Zinslasten von Staat, Wirtschaft und privaten Krediten aufkommen muss. Es entsteht ein Umverteilungseffekt von der Bevölkerung hin zu wenigen Superreichen.

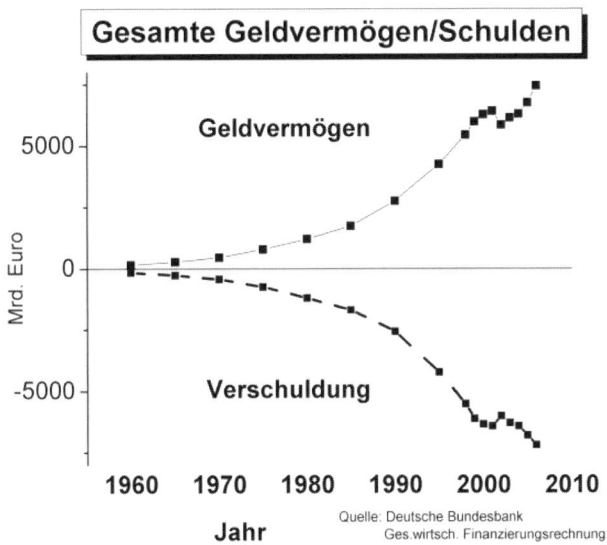

Abb. 6: Entwicklung der gesamten Geldvermögen/Schuldenlast

Abbildung 6 zeigt die Entwicklung der Gesamtgeldvermögen und gesamten Schuldenlast in Deutschland. Deutlich ist die sich durch den Zinseszinsmechanismus immer mehr beschleunigende Entwicklung zu erkennen. Dieses Wachstum der Vermögen und Schulden vollzieht sich unabhängig von der realen Wirtschaftsleistung. Auch die Inflation ändert nichts an diesem Verlauf, da der Inflationssatz jeweils auf den Zins aufgeschlagen wird und damit den Gläubiger vor Wertverlusten schützt. In solch einem explodierenden System wird es für die Schuldner zunehmend schwieriger, ihre Kredite zu bedienen, und die Probleme werden immer schneller immer größer. Weil auch die Unternehmen immer höhere Zinslasten zu tragen haben, muss an anderer Stelle gespart werden – Arbeitskräfte werden »freigesetzt«, wie es so schön heißt. Genauso ergeht es dem Staat: Musste 1950 nicht einmal ein Prozent des Bundeshaushaltes für den Schuldendienst aufgewendet werden, sind es heute schon 30 Prozent. Eine Schuldenkrise ist damit in jedem Land nur eine Frage der Zeit. Die Entwicklung der Staatsverschuldung verdeutlicht den Ernst der Lage.

Dabei liegt das Problem nicht bei der Verschwendungssucht einzelner Politiker oder der Anspruchshaltung in der Bevölkerung, sondern die Schulden müssen im gleichen Umfang zunehmen, wie sich die Geldvermögen durch die Zinseszinsrechnung vervielfachen, egal wie viel an anderer Stelle gespart wird. Es handelt sich hier um einen richtigen Verschuldungszwang, nicht für den einzelnen, sondern für die Volkswirtschaft im Ganzen. Das System kann dabei nur so lange überhaupt laufen, wie zunehmend Schulden gemacht werden, und wenn die Kreditaufnahme der Unternehmen nicht ausreicht, dann muss der Staat einspringen und den Schuldenüberhang aufnehmen. Würde nun niemand mehr Schulden machen, so müsste der Zinssatz auf null Prozent sinken, da den wachsenden Geldvermögen keine Nachfrage nach gleich hohen Krediten mehr gegenübersteht. Bei null Prozent Zins wird jedoch Geld überhaupt nicht mehr zur Verfügung gestellt, sondern es zieht sich aus dem Wirtschaftskreislauf zurück. Es entsteht eine Deflation, die in einer Wirtschaftskrise endet. Deflation bedeutet, dass sich die für den Waren- und Dienstleistungsaustausch verfügbare umlaufende Geldmenge verringert und in der Folge die Preise verfallen. Je stärker die Preise fallen, desto stärker sinken auch die Umsätze der Firmen, weil potenzielle Kunden ihre Käufe in die Zukunft verschieben, in der Hoffnung, alles werde noch billiger. Die Betriebe sind im weiteren Verlauf zu Entlassungen oder zur Firmenaufgabe gezwungen. Durch den steilen Anstieg der Arbeitslosigkeit nimmt die Kaufkraft der Bevölkerung noch weiter ab, und damit sinken wiederum die Umsätze der Unternehmen. Eine Pleitewelle ist die unmittelbare Folge, die ihrerseits die Banken unter Druck bringt, da es immer mehr Kreditausfälle gibt. Damit besteht die Gefahr, dass die Menschen all ihre Bankeinlagen und Ersparnisse in einer Bankenpleite verlieren. Sinkende Vermögen zwingen allerdings die Bevölkerung zu weiteren Konsumbeschränkungen, was wieder die Umsätze der Unternehmen schmälert und der deflatorischen Abwärtsspirale neuen Schwung verleiht. Besonders wer verschuldet ist, gerät in der Krise schnell in eine ausweglose Situation.

Es verwundert wenig, dass eine solche Deflation im historischen Verlauf häufig in einem Krieg endete. Die Welt befindet sich mit diesem System in einem Teufelskreis aus Börsenkrach, Krieg und Zusammenbruch, der so lange andauern wird, wie man nicht aus der Geschichte lernt und den Ursachen nachgeht. Doch nehmen bereits vor einem solchen Zusammenbruch die Probleme immer größere Ausmaße an. Die Ursache liegt darin begründet, dass für die Volkswirtschaft im Ganzen die steigende Belastung durch Kapitalkosten bald fatale Folgen hat: Durch den Zinseszinseffekt nimmt die Bedienung der Schulden einen immer größeren Anteil an der Wertschöpfung der Volkswirtschaft ein, weil der Zuwachs an Produktivität nicht ausreicht, um die exponentiell steigenden Zinslasten zu kompensieren, was sich vor allem in Zeiten anziehender Zinsen bemerkbar macht. Konnten vormals die höheren Kapitalkosten noch durch kräftige Produktionssteigerungen aufgefangen werden, ist dies in einem Umfeld von Marktsättigung und zunehmendem Wettbewerb kaum noch möglich. In diesem Prozess wird es für die Wirtschaft deshalb zunehmend schwieriger, Gewinne zu erzielen, weil die Kapitalkosten einen immer größeren Anteil davon beanspruchen. Deshalb sinkt in der produktiven Wirtschaft zwangsläufig die Rendite, was sich seit 1990 in einem Renditerückgang um 1,3 Prozent jährlich bestätigt.

Vom Börsenboom zum Börsenkrach

Weil sich in der realen Wirtschaft Investitionen aus den genannten Gründen immer weniger lohnen, fließt das Kapital verstärkt in den spekulativen Sektor: Die Börsen beginnen zu boomen. Dabei koppeln sich die Be-

wertungen der Aktien immer mehr von der realen Entwicklung ab – die
Überbewertung steigt. Zwangsläufig werden dieser Entwicklung letztlich
schwere Einbrüche auf dem Börsenparkett folgen. Anschließend bricht
die Investitionsquote wieder massiv ein, weil die aufkommenden Unsicherheiten jedes Investment als riskant erscheinen lassen. Erst mit einer
massiven Kapitalvernichtung schließt sich der Kreis, und im kapitalisti-
schen System beginnt ein neuer Zyklus aus Aufbau, explodierender Verschuldung, Börsenboom, Geldcrash und Krise. Die Geschichte bestätigt
dabei diesen Ablauf in einem Zyklus von jeweils etwa zwei Generationen
– Beispiele dieser Entwicklung sind die Zusammenbrüche von 1873 und
1929. (Näheres zum Zusammenbruch unseres Finanzsystems und zur
Geldanlage ist zu lesen in den beiden Büchern *Geldcrash – So retten Sie
Ihr Vermögen* und *Börsenkrach und Weltwirtschaftskrise* von G. Hannich.)

Wie die Entwicklung unserer Wirtschaft aussehen könnte, lässt sich am
besten anhand einer kurzen Betrachtung unserer Geschichte erkennen.

Quelle: Manfred Wenzel, Köln

Karikatur 4

KRISE UND KRIEG – GESCHICHTE WIEDERHOLT SICH

*»Der Wucherer ist mit vollstem Recht verhasst, weil das Geld hier
selbst die Quelle des Erwerbs und nicht dazu gebraucht wird,
wozu es erfunden ward. Denn für den Warenaustausch entstand es,
der Zins aber macht aus Geld mehr Geld. ... Der Zins aber ist Geld
von Geld, so dass er von allen Erwerbszweigen der naturwidrigste ist.«*

Aristoteles, griechischer Philosoph

Wer heute fragt, wohin sich unsere Gesellschaft entwickelt, der kommt um
eine gründliche Beschäftigung mit der Vergangenheit nicht herum. Unsere
Gegenwart wird von den Medien gern als »die Beste aller Welten« gefeiert. Kein Zeitalter habe je solch einen »Fortschritt« erlebt und solch
günstige Zukunftsaussichten gehabt. Kaum werden dabei allerdings die
tieferen Mechanismen unseres Systems hinterfragt, die zeigen, dass unsere Gesellschaft nicht nur zu einem weiteren Verfall, sondern zum Zusammenbruch verurteilt und die heutige Welt keineswegs die »Beste« ist. Ein
Rückblick in die Geschichte beweist, dass sich die Vorgänge in mehr oder
weniger regelmäßigen Abständen wiederholen – und da bildet auch unsere Zeit keineswegs eine Ausnahme. Dabei verläuft der Kreislauf immer
von einem Boom über den Crash und die Krise zum Krieg. Die treibende
Kraft war stets die Entwicklung des Geldwesens, welches über Wohl und
Wehe der Menschen entschieden hat.

Die treibende Zerstörungskraft

Wer die Geschichte verstehen und daraus lernen will, muss deshalb zuerst die Grundlagen des Geldes kennen. Dabei entwickelt sich die Kultur
aus der Gesellschaft, die Gesellschaft beruht auf der Wirtschaft, und diese

basiert auf der Geldordnung als Fundament. Wenn es also im Geldwesen Probleme gibt, werden diese sofort auf die Wirtschaft, die Gesellschaft und die Kultur übertragen. Bricht das Finanzsystem gar zusammen, muss zwangsläufig auch die komplette Gesellschaftsordnung zerfallen.

Wer nach einem beherrschenden Faktor im Geldsystem sucht, findet den Zwang eines jeden Landes, sich zu verschulden. Die Schulden können allerdings nie zurückgezahlt werden, sondern erhöhen sich jedes Jahr um den anfallenden Zinssatz. Wichtig ist, nicht nur die reinen Staatsschulden, sondern auch die Kredite der Unternehmen und Privathaushalte zu betrachten. Wenn beispielsweise der Staat – wie die USA kurzzeitig unter Präsident Bill Clinton – seine Schulden zurückschraubt, wachsen die Kredite bei den Unternehmen um so kräftiger an. Als Fazit bleibt: Zu allen Zeiten und an jedem Ort der Welt, an dem ein Zinssystem herrscht, explodiert gleichzeitig die Verschuldung – bis zum Zusammenbruch des Systems. Dabei verläuft das Wachstum einer Zinskurve einer natürlichen Entwicklung völlig zuwider: Während in der Natur gesundes Wachstum (z.B. das eines Baumes) zunächst schnell erfolgt, sich dann verlangsamt und schließlich ganz endet, ist es im Zinssystem umgekehrt. Hier beginnt das Wachstum langsam, beschleunigt sich immer mehr und geht rechnerisch sogar ins Unendliche weiter. Kennzeichen einer solchen Entwicklung ist, dass sich zum Beispiel die Schulden in gleichen Zeitabschnitten verdoppeln. Je nach Höhe des Zinssatzes sind diese Zeitabschnitte länger oder kürzer. Wenn nun, wie in ganzen Volkswirtschaften üblich, nicht einmal mehr die Zinsen bezahlt werden können, dann werden diese zur Hauptschuld addiert, im folgenden Jahr zusätzlich verzinst und es kommt zum Zinseszinseffekt.

Das Zinseszinswachstum führt dabei nicht zu einer Stabilisierung, sondern setzt sich theoretisch unendlich fort. Wenn solch ein Zinseszinswachstum in der realen Welt auftritt, bedeutet es stets einen zerstörerischen Prozess:

Das Tumorwachstum beim Menschen etwa folgt einem Zinseszinsprozess. Ist anfangs nur eine Krebszelle vorhanden, so teilt sich diese, und es entstehen zwei Tumorzellen. Diese teilen sich wieder, und es werden vier, dann acht, 16 usw., bis schließlich der ganze Körper vom Krebs zerfressen ist und der Mensch zugrunde geht!

Ähnlich ist es bei einer Lawine: Rollt am Anfang nur ein Eiskristall, so stößt dieses ein weiteres an, diese beiden nochmals andere, bis am Ende der ganze Berg herunterkommt und alles im Weg Stehende zerstört.

Auch die Entwicklung einer Atombombenexplosion folgt einer Zinseszinskurve: Ein Atom wird durch Neutronenbeschuss gespalten und setzt wieder zwei Neutronen frei, welche nochmals je ein Atom spalten können. Am Ende kommt es zur gewaltigen nuklearen Explosion.

Jedes System, das auf einem exponentiellen Zinseszinsmechanismus basiert, muss aus diesem Grund zusammenbrechen. So tötet der Krebs seinen Wirt, eine Lawine findet keine neue »Nahrung« und verläuft sich im Tal, und selbst die schrecklichste Atombombenexplosion ist irgendwann zu Ende. Man kann sich das Ganze als eine Art Monopoly-Spiel denken, in der jemand am Anfang durch Zufall gute Bedingungen vorfindet und damit mehr Geld als die anderen erwirtschaften kann. Dieses Kapital verleiht er gegen Zinszahlungen und wird durch die Rendite noch reicher, kann deshalb noch mehr verleihen und so weiter. Die anderen im Spiel verlieren dabei entsprechend an Vermögen, und der Konkurrenzdruck unter den Mitspielern wird immer größer. Dabei vervielfachen sich die Beträge, welche an die Gewinnerschicht bezahlt werden, sehr schnell: Bei sieben Prozent Jahreszins verdoppelt sich die zu zahlende Zinslast beispielsweise alle zehn Jahre. Sind es heute in Deutschland fast 1.000 Milliarden Euro (Zinsen auf Verschuldung von Staat, Unternehmen, Privathaushalten und indirekte Zinslast), so müssen in nur 50 Jahren schon 64.000 Milliarden und in 100 Jahren gar 2.048.000 Milliarden Euro als gesamte Zinslast bezahlt werden. Und damit sind rein die Zinsen erfasst und noch kein einziger Euro der eigentlichen Schuldensumme getilgt! Die Endphase ist in der Regel immer mit einem boomenden Börsenmarkt verbunden, weil das schnell zunehmende Zinskapital nach neuen Anlagemöglichkeiten drängt. Ein Crash mit einer Wirtschaftskrise ist dabei die unmittelbare Folge. An die Wirtschaftskrise schließt sich oft ein Krieg an, in welchem sich durch die Zerstörungen wieder renditeträchtige Anlagemöglichkeiten für das Zinskapital ergeben.

Mit diesem Hintergrund lassen sich sowohl der Ablauf der Geschichte verstehen als auch Szenarien für die Zukunft entwickeln. Es wird deutlich, dass die Entwicklung immer dem gleichen Muster folgt. Sehen wir uns deshalb den Verlauf der letzten 130 Jahre an:

Die Wirtschaftskrise 1873 – von der Gier zur Krise

Ein gutes Beispiel für ein Zinssystem in der Endphase ist die sogenannte Gründerzeit um 1870. In Europa wurden Unternehmen durch massive Verschuldung gegründet und in Aktiengesellschaften umgewandelt. Die Betriebe waren dabei völlig überbewertet, was daran deutlich wurde, dass der Aktienwert oftmals das Doppelte oder Dreifache des realen Firmenwertes betrug. Dadurch wurde ein Aktienboom ausgelöst, dem immer mehr Menschen erlagen. Clevere Geschäftemacher nutzten dabei die Gier des Menschen nach Reichtum geschickt aus, um kritisches Denken auszuschalten. Um die Anleger anzulocken, wurden beispielsweise Personen dafür bezahlt, vor der Ausgabestelle der Aktien reges Gedränge vorzutäuschen. Gleichzeitig brachte die Presse allerlei Berichte über eine vielfache Überzeichnung der Aktien. In der Masse entstand dadurch der Eindruck, dass tatsächlich ein großes Interesse an den Aktien bestünde. Durch solche Tricks konnte die Entwicklung weiter angeheizt werden, und in den Jahren 1871 und 1872 erschien an der Börse in Berlin praktisch jeden Tag ein neues Unternehmen auf dem Kurszettel. Die Entwicklung war mit einem steilen Anstieg der Wohnungspreise verbunden, da von der reichen Oberschicht vermehrt Immobilien nachgefragt wurden. Die Entwicklung endete jedoch im März 1873 in einem Zusammenbruch, der die Bevölkerung in bittere Armut stürzte. Hundertausende verloren ihre Existenzgrundlage, als die Kurse plötzlich abstürzten. Im Jahr 1876 waren die Aktienkurse nur noch halb so hoch wie während des Booms

1873. Auch der Immobilienboom wandte sich ins Gegenteil, und un-
zählige Wohnungen standen nunmehr leer, weil viele Hausbesitzer ihre
Kredite nicht zurückzahlen konnten. Der Börsencrash stützte auch die
ganze Wirtschaft in eine Deflation: Niemand wollte mehr investieren,
niemand konnte etwas kaufen. Die Firmen blieben auf ihren Waren sitzen und mussten die Preise immer weiter senken. Aber auch Löhne
und Gehälter wurden im weiteren Verlauf gekürzt.[133]

Diese bis damals schlimmste Wirtschaftskrise dauerte 23 Jahre und endete erst um die Jahrhundertwende in einer Zeit, in der sich Wirtschafts-
einbrüche und Boom abwechselten. Dabei verschuldeten sich die Staaten im Kampf um Rendite immer weiter, was letztlich im Ersten Weltkrieg
endete.

---

[133] *Ogger Günter, Die Gründerjahre*, Knaur Verlag, 1982. Zusammengefasst und zitiert von G. Hannich aus dem
Inhalt des Originals.

»Der heute herrschende Kapitalismus in der Gesellschaft bedeutet ewigen Krieg. ... Die Kriege sind Lösungsversuche wirtschaftlicher Fragen in kapitalistischem Sinne. ... Die entscheidende Frage der Friedensbewegung lautet: Wird es gelingen, den heute herrschenden Kapitalismus aus der Gesellschaft zu beseitigen? ... Bleibt aber das kapitalistische Erwerbssystem herrschend, dann müssen die Zeiten der ewigen Kriege fortdauern trotz aller Friedenskonferenzen.«

Professor Gustav Ruhland: *Das System der politischen Ökonomie*, 1908

Der Erste Weltkrieg – der Zinskapitalismus fordert seine Opfer

Besonders die Deflation von 1912 wirkte sich katastrophal auf die Lebensumstände der Menschen aus. Die Staaten waren zu dieser Zeit so hoch verschuldet, dass beispielsweise Deutschland allein für seine Eisenbahnanleihen mehr Geld aufwenden musste als für das ganze hochgerüstete Heer. Insgesamt war die finanzielle Situation der meisten Staaten damals sehr angespannt, deshalb versuchte jede Nation, möglichst große Weltmarktanteile für sich zu beanspruchen, um die wachsenden Zinslasten tragen zu können. Damit entwickelte sich ein Konkurrenzkampf, welcher im Ersten Weltkrieg endete.

Wer das zinskapitalistische System durchschaut hatte, konnte schon lange vor dem Ersten Weltkrieg die Ereignisse vorhersagen. So rechnete der Professor für politische Ökonomie Gustav Ruhland bereits 1908 die Vermögenskonzentration durch den Zinseffekt aus und kam zum Ergebnis, dass eine Katastrophe absehbar sei: Die im Jahr 1870 mit 15 Millionen Mark Kapital gegründete Deutsche Bank war bis 1908 auf ein Vermögen von 150 Millionen Mark, im ganzen Syndikat sogar drei Milliarden Mark, angewachsen. Bei Beibehaltung dieser Steigerungsrate hätte spätestens nach zehn weiteren Jahren das gesamte Volksvermögen von 150 Milliarden Mark der Deutschen Bank gehört. Doch dazu kam es nicht mehr. Ruhland sah bereits – sechs Jahre vorher – den Ersten Weltkrieg voraus. In seiner dreibändigen Schriftenreihe *Das System der politischen Ökonomie* schrieb er: »Bei der nur zu oft maßlosen Inanspruchnahme des Kredits vollzieht sich hier mit Hilfe des Bank- und Börsenkapitals in einer anscheinend planvollen Weise eine nationale wie internationale Verkettung der Privatunternehmungen, die in unserem Kriegszeitalter uns eines Tages einer Krise entgegen zu führen droht, wie sie kaum in der Geschichte der Völker schon erlebt wurde.«

Die Hyperinflation 1923

Durch Zinszahlungen und Schuldentilgung aufgrund von Reparationszahlungen nach dem Ersten Weltkrieg, war der Haushalt der deutschen Reichsregierung Anfang der 1920er Jahre stark angespannt. Die Regierung versuchte mit immer höheren Reichsbankkrediten und eifrigem Betätigen der Notenpresse der Lage Herr zu werden. Das Giralgeld – Buchgeld, welches nicht in Form von Scheinen oder Münzen als Bargeld vorliegt, sondern als sofort liquidierbares Bankguthaben auf einem Konto liegt – wuchs auf 500 Trillionen Mark, das umlaufende Bargeld auf fast dieselbe Menge. 300 Papierfabriken und 150 Druckereien waren mit der Herstellung von Banknoten beschäftigt. Die Kaufkraft des deutschen Geldes fiel ins Bodenlose, der Kurs zum Dollar stieg steil an. Die Reichsbanknoten wurden mit immer höherem Nennwert ausgegeben, so dass schließlich eine Flucht in Dollar, Sachwerte und Immobilien einsetzte. Die Geschäftsinhaber brachten ihr Geld schnellstmöglich auf die Bank und tauschten es in Fremdwährungen um. Wegen des schnellen Preisverfalls wurde der Lohn zweimal täglich ausgezahlt. Schnell verlor das Geld seine Zahlungsmittelfunktion sogar gänzlich, und es wurde mit Naturalien bezahlt.[134] Die Hyperinflation kann dabei als unmittelbare Folge der Schulden aus den Reparationsforderungen an Deutschland nach dem Ersten Weltkrieg gesehen werden.

---

[134] Bundesanstalt für politische Bildung, Weimarer Republik, Informationen zur politischen Bildung, 4. Quartal 1998.

Währungsreform 1923 – nichts aus der Geschichte gelernt

Nach der Hyperinflation 1923 wurde am 15. November 1923 eine Währungsreform eingeleitet. Dabei wurde eine Billion Papiermark in eine Rentenmark umgetauscht. Der Wechselkurs zum Dollar wurde auf 4,2 Rentenmark = 1 Dollar festgesetzt. Bei der Rentenmark handelte es sich um ein Übergangsgeld, das am 30. August 1924 von der goldgedeckten, frei konvertierbaren Reichsmark abgelöst wurde.[135] Gerade diese Golddeckung sollte sich im weiteren Verlauf jedoch als fatal herausstellen. Nach der Währungsreform ergab sich zunächst eine kurze Phase der scheinbaren Stabilität. Doch auch die Währungsreform von 1923 hatte keine stabile Währung geschaffen, sondern nur den Grundstein für eine noch viel schlimmere Krise gelegt: die Deflation.

Die Deflation 1930

Nach dem Ersten Weltkrieg (1914–1918) begann Deutschland seine Verschuldung in den USA massiv auszubauen. Dabei nahmen die Banken kurzfristige Kredite in Amerika auf, um das Geld langfristig zu verleihen, um die deutsche Wirtschaft anzukurbeln. Wenn der Rückzahlungstag kam, wurden neue, wiederum kurzfristige Kredite aufgenommen. Ab 1927 zeigten sich erste Krisenerscheinungen: Der Zahlungsmittelumlauf ging stetig zurück, es kam zu Konkursen und wachsender Arbeitslosigkeit. Im Jahr 1930 erreichte die ausländische Verschuldung mit 22 Milliarden Reichsmark einen Höhepunkt. Davon bestand die Hälfte aus kurzfristigen Schulden. Richtig bedrohlich wurde die Situation jedoch erst nach dem Börsencrash von 1929 an der Wall Street. In der Krise wurden die an Deutschland vergebenen Kredite zunehmend zurückgefordert, und deutsches Währungsgold floss nach Amerika. Der Zusammenbruch der Österreichischen Kreditanstalt am 11. Mai 1931 löste schließlich eine weltweite Angst um Kapitalanlagen in Deutschland aus. Die Folge war eine Kapitalflucht, und innerhalb weniger Wochen

---

[135] Bundesanstalt für politische Bildung, Weimarer Republik, Informationen zur politischen Bildung, 4. Quartal 1998. Zusammengefasst von G. Hannich aus dem Original.

büßte die Reichsbank Gold und Devisen im Wert von zwei Milliarden Reichsmark ein. Von Juli 1931 an zog sich das Geldkapital massiv vom Markt zurück, da ausländische und deutsche Kunden gleichermaßen ihr Geld von den Bankkonten abhoben. Durch den damals gültigen Goldstandard war die deutsche Notenbank verpflichtet, ein Drittel des ausgegebenen Geldwertes als Golddeckung zu deponieren. Es durfte also maximal die dreifache Menge an Geldscheinen und -münzen im Umlauf sein wie Gold in den Tresoren. Je mehr Gold während der Krise aus Deutschland abgezogen wurde, desto mehr Geld musste die Reichsbank aus dem Umlauf ziehen, um die Deckung aufrechtzuerhalten. So breitete sich über den Goldstandard die Krise von Amerika – beginnend mit dem Wall-Street-Crash 1929 – auf die ganze Welt aus, weil die meisten Länder ihre Währung an das Edelmetall gekoppelt hatten und in Zugzwang gerieten. Durch den Einzug des Tauschmittels Geld wurde einerseits die Deflation immer weiter verschärft, und andererseits konnte die Notenbank keine eigenständige Politik mehr betreiben, um die Krise zu bewältigen.

Interessant ist in diesem Zusammenhang der Ablauf des Börsenkraches in Amerika, der diese Entwicklung einleitete.

Der Börsenkrach 1929

Die Bevölkerung glaubte damals – vor allem in den USA – tatsächlich an einen ewigwährenden Wohlstand. Entsprechend begannen ab 1924 die Börsenkurse zu steigen, bis im Jahr 1927 die Spekulation ein enormes Ausmaß erreichte. Weil die Kurse scheinbar unaufhörlich kletterten, erfasste das Spekulationsfieber weite Bevölkerungsteile. Im Januar 1928 sagte der damalige Präsident sogar, es bestehe kein Anlass zur Sorge, da die Börsenkredite nicht zu hoch seien. Die rasanten Kursgewinne wurden mit der wohlstandsmehrenden Verbreitung von Radioapparaten und Autos begründet. Der Anstieg der Aktien solcher Unternehmen leitete in der Tat den Boom an der Börse ein. Rückschläge wurden von den Anlegern einfach ignoriert, und in den Nachrichten erschienen Börsenmeldungen häufig an erster Stelle. Doch weiterhin war eine Verharmlosung der Entwicklung von offizieller Seite zu vernehmen. Herbert Hoover erklärte beispielsweise 1928 in seiner Rede zur Nominierung als republikanischer Präsidentschaftskandidat, dass Amerika kurz vor dem endgültigen Sieg über die Armut stehe – das Armenhaus werde verschwinden. Inzwischen versuchte die Federal Reserve Bank (Fed, die US-amerikanische Notenbank), die Kreditausweitung für Aktienkäufe zu beschränken, indem langfristige Kredite hierfür gesperrt wurden. Die Anleger stiegen deshalb fatalerweise auf die noch riskantere kurzfristige Verschuldung um, wobei die Zinssätze schnell von zwölf auf 20 Prozent stiegen. Wie heute, so glaubten die Amerikaner schon damals, dass es nur darauf ankomme, bei Kursverlusten nicht zu verkaufen, weil der Rückgang schnell wieder aufgeholt werde. Von offizieller Seite wurde die Spekulation immer weiter angeheizt, wobei sich die Experten bezüglich der weiteren Wirtschaftsentwicklung zunehmend widersprachen. Ängste wurden jedoch weiterhin beruhigt. So hielt zum Beispiel Professor Irving Fisher noch am 17. Oktober 1929 eine Ansprache, in der er betonte, dass in nur wenigen Monaten der Aktienmarkt wieder deutlich höher stehen und sich eine Anlage lohnen werde. Es gab jedoch keine Erholung mehr – und am 22. Oktober 1929 begannen die Kurse ohne ersichtlichen Grund plötzlich zu fallen.

An diesem Tag hatte die Weltwirtschaftskrise begonnen, und die Börsenkurse verloren innerhalb weniger Jahre über 90 Prozent ihres Werts (Abbildung 7). Deshalb brach auch die Kaufkraft der Bevölkerung ein, und Unternehmens- und Bankpleiten vernichteten das Vermögen der Sparer. Das Geldkapital zog sich, wegen steigender Unsicherheiten, aus der Wirtschaft zurück, was einen starken Rückgang des Preisniveaus nach sich zog. Weil die Preise verfielen (Deflation), ging sofort der Absatz von Gütern zurück, weil jeder auf noch günstigere Preise wartete und seinen Kauf hinauszögerte. Damit kamen die Unternehmen in Bedrängnis und waren gezwungen Arbeitskräfte zu entlassen, womit die Kaufkraft noch stärker einbrach. Immer mehr Banken mussten schließen, weil viele Kredite uneinbringbar wurden. Die Lage wurde immer hoffnungsloser. Wie schon vor dem Ersten Weltkrieg wurde die Lage weltweit extrem angespannt und gipfelte letztlich im Zweiten Weltkrieg.

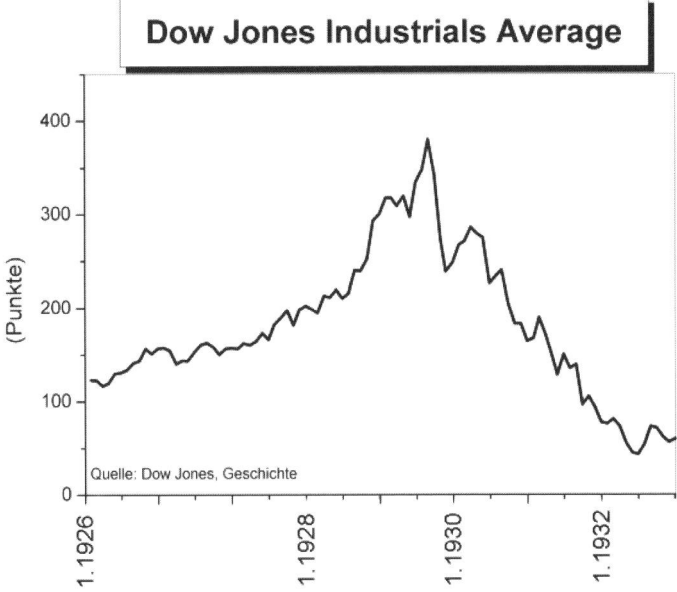

Abb. 7: Dow Jones Aktienindex, Börse USA vor und nach dem Börsencrash 1929

»Die großen Kämpfe der neueren Zeit sind gegen Wunsch und Willen der Regierenden entbrannt. Die Börse hat in unseren Tagen einen Einfluss gewonnen, welcher die bewaffnete Macht für ihre Interessen ins Feld zu rufen vermag... «

Generalfeldmarschall Graf von Moltke (1800–1891)

Der Zweite Weltkrieg – Folge der Weltwirtschaftskrise

Erst mit Ausbruch des Zweiten Weltkriegs 1939 steigerte sich die Wirtschaftsentwicklung weltweit in kurzer Zeit wieder zu einer Hochkonjunktur, weil die Rüstungsindustrie dem bislang gehorteten Geld rentable Anlagemöglichkeiten bot (siehe Abbildung 8).

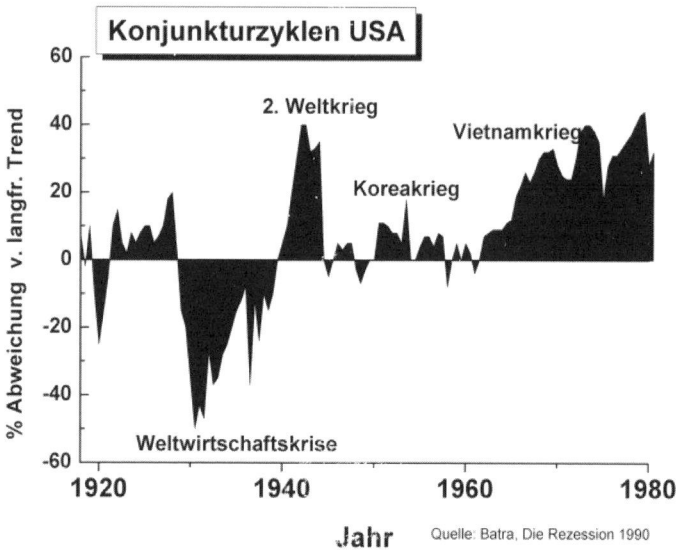

Abb. 8: Konjunkturzyklen in den USA

In wirtschaftlicher Hinsicht bot der Zweite Weltkrieg somit viele Vorteile: So wurde dank der rentablen Anlagemöglichkeiten in der Rüstungsindustrie die Deflation beendet. Außerdem zerstört jeder Krieg auch allerorts Realkapital wie Häuser, Fabriken und Maschinen, womit der Bedarf an Krediten wieder steigt. Durch die größere Nachfrage nach Geld gehen folglich die Zinsen nach oben, womit es sich für Geldverleiher wieder lohnt, der Wirtschaft ihr Kapital zur Verfügung zu stellen. Damit wird die Investitionsquote erhöht, allerdings erst wenn die Zerstörung ein ausgiebiges Niveau erreicht hat. Der Krieg dient im Prinzip dazu, das zusammengebrochene Zinssystem wieder in Gang zu bringen. Wie der bewaffnete Konflikt jeweils im Detail verläuft, ist in diesem Zusammenhang zweitrangig. In Deutschland verschlechterte sich die Lage nach Beginn

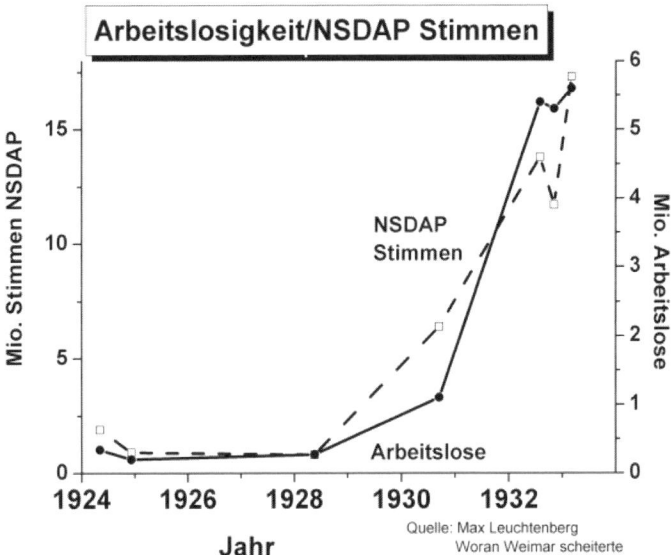

Abb. 9: Vergleich der Arbeitslosenzahlen und NSDAP-Wähler in der Deflation

der Weltwirtschaftskrise jedenfalls drastisch. Weil die Geldmenge nun mal mittels Goldstandard an den Preis des Goldes gebunden war, musste nach dem Abzug der von Amerika geliehenen Goldreserven immer mehr

Geld eingezogen werden, das dem Wirtschaftskreislauf somit nicht mehr zur Verfügung stand, was letztlich eine massive Deflation auslöste. Das Volkseinkommen sank von 1928 bis 1932 um 40 Prozent, die privaten Bruttoinvestitionen gingen sogar um 75 Prozent zurück. Die wirtschaftlichen Aussichten verdüsterten sich zunehmend, die Arbeitslosenzahl stieg. In dieser Situation konnte sich die radikale NSDAP von einer kleinen Splitterpartei – parallel zur Zahl der Arbeitslosen – zur größten Partei Deutschlands aufschwingen (siehe Abbildung 9).

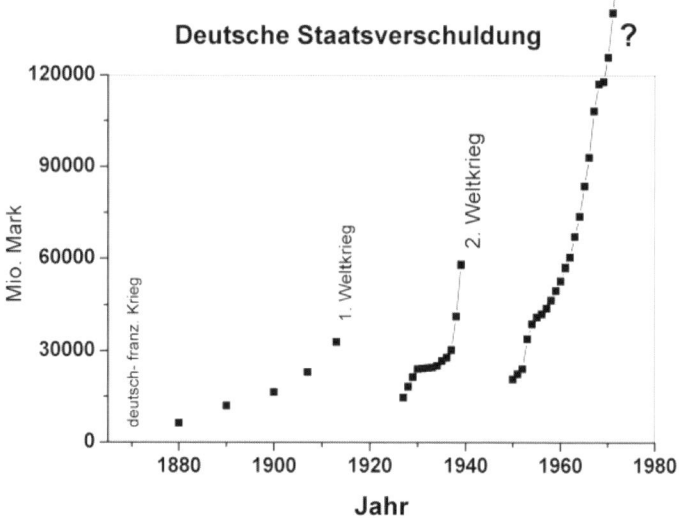

Abb. 10: Die deutsche Staatsverschuldung

Ein gutes Beispiel dafür, dass Kriege mit unserem Zinskapitalismus zusammenhängen, zeigt die Entwicklung der Staatsverschuldung in Deutschland (siehe Abbildung 10). Durch Zinsaufwendungen für Kredite erhöht sich die Verschuldung eines Staates zusehends. Jedes Land muss sich dabei immer weiter verschulden, schon allein, damit das durch die Zinslast verminderte Geldkapital wieder in den Wirtschaftskreislauf kommt. Da aber mit der Zeit die Zinslasten immer größer werden, gerät der Staat letztlich immer mehr unter Druck und wählt womöglich – statt der friedlicheren Option, eine Wirtschaftskrise in Kauf zu nehmen – die aggressivere Methode: Er versucht, durch Eroberung fremder Länder im Ausland frisches Kapital für die Bedienung der eigenen Schulden zu erhalten.

Um diesen Zusammenbruch so weit wie möglich hinauszuschieben, sind die Staaten gezwungen, ihre Exportrate zu steigern, was allerdings zu Lasten anderer Nationen geht. Die Exportquote von Deutschland steigt ständig und erreichte laut der Zeitung *Die Welt* im Jahr 2000 den Rekordwert von über einer Billionen D-Mark.[136] Wenn jedoch die anderen Staaten ihre Ausfuhren ebenfalls steigern, nimmt der Konkurrenzdruck schnell zu. Die internationalen Spannungen verstärken sich deshalb, bis es zum bewaffneten Konflikt kommt. So hatte es vor dem Ersten und Zweiten Weltkrieg jeweils eine Explosion der Verschuldung und dementsprechenden Druck gegeben, militärisch zu intervenieren. Dabei verläuft die Entwicklung zwangsläufig wie folgt: Solange die Wirtschaft schneller wächst als der Kapitalanteil – wenn also der Zinssatz geringer ist als die Wachstumsrate –, lassen sich die Missstände noch verbergen. Sobald das Wachstum der Ökonomie jedoch an Grenzen stößt, beansprucht der Kapitalanteil einen immer größeren Teil des Volksvermögens. Durch den Zinseffekt beschleunigt sich also die Vermögensverschiebung, und die Schwierigkeiten nehmen immer größere Ausmaße an. Schließlich zieht sich das Kapital aus der Wirtschaft zurück, weil die Mindestverzinsung nicht mehr sichergestellt ist. Die entstehende Deflation führt zu großer Not und Unruhen. In einem Krieg wird letztlich ein Großteil des Sachkapitals vernichtet, und mit dem Wiederaufbau fängt die Entwicklung von vorne an – bis zum nächsten Krieg.

Währungsreform 1948 – die gleichen Fehler werden wieder gemacht

Nach dem Zweiten Weltkrieg lag die Wirtschaft in Deutschland weitgehend am Boden. Das Geld hatte seinen Wert durch Inflation und Kriegszerstörung verloren. Deshalb waren die Preise größtenteils staatlich fest-

---

[136] *Die Welt*, 5.10.1999.

gelegt. Weil sich die Produktion unter diesen restriktiven Bedingungen nicht lohnte, reduzierte sich das Warenangebot weiter, und es bildete sich ein Schwarzmarkt mit hohen Preisen. Unter Führung der USA entschlossen sich die Westmächte, im Westsektor eine neue Währung zu begründen, um die Tauschmittelfunktion wiederzubeleben. Erstaunlich war, dass die neuen Geldscheine ab November 1947 nicht in Europa, sondern in den USA gedruckt und vom 11. bis 15. Juni 1948 heimlich auf die elf Landeszentralbanken verteilt wurden. Die Aktion verlief weitgehend im Geheimen, da erst am Abend des 18. Juni 1948 die Einzelheiten des Geldumtauschs bekannt gegeben wurden. Es bestand also keine Möglichkeit für die Sparer, sich auf den Währungsschnitt einzustellen. Ab dem 20. Juni 1948 war die Reichsmark plötzlich ungültig, womit auch alle Schulden des Reiches erloschen. Die Anleger, die ihr Vermögen dem Staat anvertraut hatten, mussten deshalb kräftige Verluste verbuchen! Hier zeigte sich der Nachteil von Geldforderungen gegenüber Bargeld, da Bargeld deutlich leichter und zu besseren Konditionen umgetauscht werden konnte. Jeder Einwohner erhielt im Austausch gegen sechzig Reichsmark sechzig D-Mark.[137] Darüber hinaus wurden Bankguthaben und anderes Buchgeld in einem deutlich schlechteren Verhältnis umgetauscht als Bargeld. Fatalerweise hatte aber auch diesmal niemand aus der Geschichte und damit dem Geldwesen gelernt, denn es handelte sich gar nicht um eine Währungsreform (also die Einführung eines wirklich anders funktionierenden Geldes), sondern lediglich um einen Währungsschnitt (also den Ersatz des vorher gescheiterten Geldes durch ein genauso falsch konzipiertes Zahlungssystem). Dabei dauert es immer einige Jahrzehnte, bis die Folgen dieses Fehlers sichtbar werden. Und genau das ist jetzt, Anfang des 21. Jahrhunderts, der Fall. Wer die Vergangenheit kennt, sieht heute die gleichen prinzipiellen Abläufe – wie den krankhaften Börsenboom – , die schon Ende der 1920er Jahre zum Zusammenbruch führten.

---

[137] Bundesanstalt für politische Bildung, Deutschland 1945–1949, Informationen zur politischen Bildung, 2. Quartal 1998. Zusammengefasst von G. Hannich aus dem Original.

Das Endstadium – die Geschichte wiederholt sich

Prinzipiell wiederholt sich heute der geschichtliche Ablauf eines zerfallenden Zinssystems. Ein sicheres Zeichen dafür, dass sich unser System im Endstadium befindet, sind die bis vor kurzem explodierenden Aktienkurse. Inzwischen dient nur noch ein Prozent des täglichen Devisenumlaufs von 2.000 Milliarden Dollar dazu, Waren und Dienstleistungen auszutauschen, der Rest ist Spekulationskapital auf der Suche nach immer höherer Rendite. Entsprechend der Zinseszinsrechnung explodiert auch allerorts die Verschuldung: Staat, Unternehmen und Privathaushalte haben inzwischen einen Schuldenberg von über 6.000 Milliarden Euro aufgetürmt, der in 500-Euro-Scheinen die gigantische Höhe von über 1.000 Kilometern erreichen würde. Gleichzeitig hat sich das entsprechende Geldvermögen in so wenigen Händen konzentriert, dass knapp 400 Milliardäre weltweit mehr besitzen als das halbe jährliche Einkommen der Weltbevölkerung. Wie bisher immer in der Geschichte werden sich die Ungleichgewichte in immer kürzeren Zeitabständen aufschaukeln, bis das System zerfällt. Dabei ist jeder Zusammenbruch größer als der vorhergehende. Der kommende Crash wird deshalb bedeutend mehr Unheil stiften als die große Depression 1929. Ein Krieg ist dabei sehr schnell denkbar, wenn ein hochgerüstetes Land unter seinen Zinslasten zusammenbricht und keine andere Möglichkeit mehr sieht, als das Waffenpotenzial zu nutzen. In unserer hochverschuldeten Welt wird es, wie schon in der Vergangenheit, für die Nationen immer schwerer, in einem härter werdenden Wettbewerb die von den Kapitalgebern geforderte Rendite zu erwirtschaften. Schon allein deshalb muss das Konfliktpotenzial ansteigen. Verschlimmert wird die Situation durch einen fatalen Fehler: die Einführung des Euros.

Der Euro – das Ende von Europa

Die Einheitswährung lässt sich im Prinzip mit dem Goldstandard der dreißiger Jahre vergleichen, welcher zu einer schnellen Ausbreitung der Wirtschaftskrise aus den USA über die ganze Welt verantwortlich war. Durch die Festlegung von Wechselkursen wurden wirtschaftlich völlig ungleichartige Staaten aneinandergekettet. Kein Land kann mehr seine eigene, ihm angepasste Geldpolitik betreiben, sondern muss sich den Entscheidungen der Europäischen Notenbank fügen. In der Krise wird es dann unmöglich sein, dass sich ein Land wenigstens teilweise aus dem Sog der Abwärtsspirale heraushält. Auch die EZB selbst stellte schon fest, dass durch die Einführung des Euros die Systemstabilität und die Sicherheit erheblich abgenommen hat. Aus diesem Grund beinhaltet die Einheitswährung eine ganze Menge Sprengkraft, welche die Frage nach Krieg oder Frieden aufwirft.

DER EURO –
EINE FRAGE VON KRIEG UND FRIEDEN

»Es gibt Parallelen (zur Weltwirtschaftskrise, d.A.) ... Damals gerieten alle Länder der Reihe nach in die Krise, weil sie ihre Währungen, die an den Goldstandard gekoppelt waren, verteidigten. Erst als Großbritannien 1931 – und später auch die USA – die Bindungen ihrer Währung an das Gold aufgaben, kamen die Länder aus der großen Depression heraus. Heute haben wir keinen Goldstandard, aber in vielen Ländern eine Kopplung der Währung an den Dollar – und genau das ist die Parallele.«

Professor Jeffrey Sachs[138]

Die Aussage des ehemaligen Bundeskanzlers Helmut Kohl, dass der Euro eine Frage von Frieden und Krieg sei, enthält in diesem Zusammenhang mehr Wahrheitsgehalt als gemeinhin angenommen. Zwar wollte Kohl damit ausdrücken, dass der Euro den Frieden bringen werde, doch verhält es sich genau andersherum. Eine deutsche Großbank veröffentlichte beispielsweise eine interessante Werbung für den Euro: Über einem Bild aus dem zerbombten Deutschland nach dem Zweiten Weltkrieg, das eine Familie in einer armseligen Bretterbude zeigte, stand: »Der Euro macht vieles leichter«. Wäre nicht im Text der Werbung die europäische Integration als Ursache für Frieden und Wohlstand genannt worden, hätte man dies – durchaus richtig – so interpretieren können, als ermögliche der Euro vor allem neue Kriege und neues Leid.

---

[138] *Süddeutsche Zeitung,* 5.10.1998.

Bild 2: Der Euro erleichtert den Weg zum Krieg?[139]

---

[139] „Eurochancen für Fondanleger", *DIT Deutscher Investment Trust.*

In die gleiche Richtung wie die verklärte Hoffnung Helmut Kohls ging die Aussage des ehemaligen Schweizer Bundespräsidenten Moritz Leuenberger, als er Anfang 2001 an den Plänen der Schweizer Regierung zum EU-Beitritt festhielt und meinte: »Wenn man die Geschichte betrachtet, ist die Europäische Union ein gigantisches Friedensprojekt.«[140] Tatsächlich beinhaltet die Einheitswährung jedoch eine ganze Menge Konfliktpotenzial. Grund dafür sind sowohl die durch feste Wechselkurse hervorgerufenen Ungleichgewichte zwischen wirtschaftlich starken und schwachen Ländern als auch die später einsetzende Kapitalflucht, unter der vor allem die schwächeren Staaten zu leiden haben. In der Folge bluten diese Länder regelrecht aus, und ihre Wirtschaft bricht zusammen, wodurch Massenarbeitslosigkeit entsteht. Die dann nötigen Transferleistungen und massiven Wanderungsbewegungen werden auch die stärkeren Staaten, vor allem Deutschland, so weit belasten, dass die gewohnten Lebensbedingungen sich deutlich verschlechtern. Allein durch die geplante EU-Osterweiterung rechnete das ifo-Institut im Jahr 2001 mit einer Zuwanderung von insgesamt vier bis fünf Millionen Menschen nach Deutschland. Durch großzügige soziale Leistungen müssten bereits für jeden Zuwanderer 2.000 Euro pro Jahr mehr ausgegeben werden, als diese durch Steuern und Beiträge in das Staatssystem einzahlen würden.[141] Schon unter normalen Wirtschaftsverhältnissen wäre deshalb mit einer erheblichen Belastung der öffentlichen Haushalte zu rechnen. In solch einem Klima kommt es jedenfalls schnell zu Konflikten zwischen den Nationen, und die endeten in der Vergangenheit oftmals im Krieg. Ein Krieg wurde übrigens in amerikanischen Fachkreisen in Bezug auf den Euro schon vor einiger Zeit für möglich gehalten. So erklärte der amerikanische Wirtschaftswissenschaftler Martin Feldstein von der Harvard-Universität 1997, dass die Einführung des Euros einen Krieg zwischen Deutschland und Frankreich provozieren könne. Auch bestehe das Risiko eines bewaffneten Konfliktes zwischen den USA und Europa.[142] Damit würde das Euro-Projekt in einem Blutbad enden, und die Aussage von Bundeskanzler Kohl, dass

---

[140] *Handelsblatt.com*, 27.2.2001.
[141] *Süddeutsche Zeitung*, 20.2.2001.
[142] *International Herald Tribune*, 20.12.97.

der Euro eine Frage von Krieg und Frieden sei, könnte sich auf dramatische Weise erfüllen.

Doch kommen zu den Gefahren des Euro-Projektes noch die wachsenden Schulden durch unser Zinssystem, welche jedes Land dazu zwingen, seine Exporte auszuweiten. Dadurch entsteht international ein ruinöser Wettbewerb, in dem jede Nation versucht, der anderen Marktanteile streitig zu machen, um bessere Möglichkeiten zu haben, die eigenen Zinslasten zu tragen. Wenn jedoch ein Staat seinen Marktanteil an bestimmten Produkten ausweitet, so kann dies – wenn der Markt an sich nicht größer wird – nur zu Lasten anderer Volkswirtschaften geschehen, welche dann zunehmend in die Klemme geraten. Steht ein Staat erst einmal richtig mit dem Rücken zur Wand und meint nichts mehr verlieren zu können, dann ist oft der Weg frei für einen militärischen Einsatz.

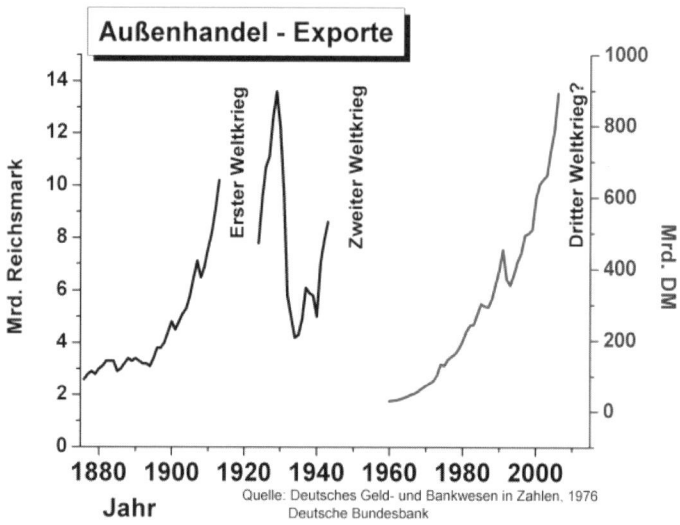

Abb. 11: Exporte und Krieg

Meldungen, denen zufolge Deutschland beispielsweise seine Stellung als Weltmeister im Export ausbauen konnte, sind deshalb alles andere als positiv zu sehen (siehe Abbildung 11).

Zwangsläufig tendiert unser System dabei immer mehr in Richtung Krieg: Durch die gesteigerte Produktivität wird der Markt schnell gesättigt, was auf die Unternehmerrendite drückt. Unterschreitet diese eine gewisse Grenze, fließt das Kapital zunächst in den spekulativen Sektor, was später wiederum zu einem Börsenkrach führen muss. Durch die daraus folgende Unsicherheit zieht sich das Kapital dann ganz aus dem Markt zurück, und es kommt zu einer deflationären Abwärtsspirale aus Unternehmenszusammenbrüchen, Massenarbeitslosigkeit, sinkender Kaufkraft, Bankenpleiten, Unruhen und Gewalt. Ein Krieg zerstört dabei einen Großteil des Realkapitals, die Rendite steigt wieder, und das System beginnt von neuem.

Die Wirtschaftskrise, die im Jahr 2008 begonnen hat, ist dabei nur der Auftakt zu einer noch viel größeren Weltwirtschaftskrise.

Der Euro verschärft hier die Situation insofern, als er den Staaten innerhalb Europas die Möglichkeit nimmt, durch Abwertung ihrer Landeswährung die Exportquote auf dem Weltmarkt zu stabilisieren und damit stärkere Ungleichgewichte abzubauen. Auch sonst ist dem einzelnen Land jede Gelegenheit verwehrt, auf die Wirtschaftskrise mit individueller Geldpolitik zu reagieren. Schnell kommen in einer solchen Situation wieder die alten Feindbilder zutage, besonders wenn der Bevölkerung noch hohe Opfer durch Vermögensverlust und Transferlasten abverlangt werden.

Man muss den Euro auch immer im Zusammenhang mit unserem Finanzsystem sehen, das sich, wie beschrieben, bereits in der Endphase befindet. Aus dieser Entwicklung lassen sich einige konkrete Bedrohungen erkennen, die durch den Euro wirksam werden könnten. Hier ist es interessant, sich die Entwicklung des Euro-Wechselkurses näher anzusehen.

Quelle: Manfred Wenzel, Köln

Karikatur 5

Täuschungsmanöver Euro-Kursentwicklung

»Eine weitere vorsichtige Zinserhöhung kann dann der Tropfen sein, der das Fass zum Überlaufen bringt. Das würde die US-Konjunktur abstürzen lassen. Würde das auch den Dollar mitreißen? Wir können nicht mit Sicherheit voraussagen, ob und wann es geschieht. Wir wissen aber, dass die Welt erschüttert wird, wenn es geschieht. Die zittrige Konjunktur in Japan wird einknicken; Südostasien wird in eine zweite Krise hineingezogen; der tönerne Koloss China wird stürzen. Die Wellen der Erschütterung werden auch vor Euro-Land nicht Halt machen; Blasen gibt es gerade in den Peripheriestaaten.«

Professor Joachim Starbatty, Ökonom[143]

Die Kursentwicklung des Euros vor allem zum Dollar war seit der Begründung der Einheitswährung sehr verwirrend. Zuerst sank der Euro-Kurs deutlich, um dann nach einigen Jahren wieder massiv anzusteigen. Wir werden im folgenden Kapitel sehen, dass diese extremen Schwankungen und die momentane »Stärke« des Euros kein Verdienst desselben sind, sondern auf der noch größeren Schwäche des US-Dollars beruhen.

Zum Zeitpunkt, als der Euro am 1.1.1999 zur Verrechnungseinheit erklärt wurde, kostete ein US-Dollar gut 1,60 D-Mark. Der Wechselkurs des Euros und damit der D-Mark sank jedoch kontinuierlich, und im Herbst 2000 musste man bald 2,40 D-Mark für einen US-Dollar aufbringen. Ähnlich erfolgte der Verfall gegenüber vielen internationalen Währungen wie dem japanischen Yen, dem britischen Pfund oder später auch dem Schweizer Franken.

---

[143] *Handelsblatt*, 26.4.2000

Bald schon waren die Experten ratlos und suchten nach immer abwegigeren Erklärungen für den Wechselkursverfall. Einmal sollten es Äußerungen des deutschen Finanzministers, dann wieder unentschlossene Reden des damaligen EZB-Präsidenten Wim Duisenberg sein, welche die Einheitswährung unter Druck setzten. Eine ganze Reihe von Theorien wurde aufgestellt, um das nicht erwartete Phänomen zu erklären: Einer Theorie zufolge befand sich Europa mit seinen Reformen von Arbeitsmarkt-, Steuer- und Sozialsystem im Rückstand, was die Devisenhändler mit einem Abschlag bestraft hätten. Dieser Kursverfall des neu eingeführten Euros bedeutete natürlich einen gewissen Imageverlust. Behauptet wurde oft, dass Streitigkeiten von Politikern mit der EZB der Grund wären, warum der Euro abstürzen würde. So stritt der damalige Bundesfinanzminister Oskar Lafontaine Anfang 1999 mit der EZB. Damals kostete ein Dollar etwas mehr als 1,10 Euro, der Euro war also wesentlich stärker als etwa Mitte 2000, als die Politiker keinerlei weitere Angriffe auf die EZB mehr führten. Damit zeigt sich, dass die Politiker – entgegen ihren eigenen Behauptungen – keine nennenswerte Auswirkung auf Kurse hatten und haben. Ein weiterer Erklärungsansatz zielte auf die unterschiedlichen Wachstumsraten in Europa und den USA ab, was den Euro-Verfall jedoch auch nicht plausibel erklären konnte. Praktisch ist hier für die Experten die Psychologie-Theorie, da sie nicht von handfesten Fakten untermauert sein muss, sondern einfach behauptet, dass der Euro nur deshalb schwach sei, weil alle glauben, dass er schwach wäre. Die Devisenhändler würden nur noch selektiv diejenigen Nachrichten hören, welche eine weitere Abwertung verlangen würden, und entsprechende Äußerungen von Politikern würden übergewichtet.[144]

Teilweise wurden sogar Theorien vertreten, welche ökonomisch völlig abwegig waren. So wurde einmal behauptet, dass eine kräftige Lockerung der Geldpolitik – also sinkende Zinsen – in den USA vielen Analysten zufolge den Euro wieder schwächen würde.[145] Dies steht allerdings im Widerspruch zu der sonst geäußerten Annahme, dass eine Zinssenkung in den USA gerade den Dollar schwächen müsste, weil dann das renditehungrige Kapital wieder in Länder mit höheren Zinsen – zum Beispiel

---

[144] *Süddeutsche Zeitung*, 8.9.2000.
[145] *Die Welt*, 1.2.2001.

nach Europa – fließen würde. Die Experten drehen sich anscheinend ihre Argumente immer so zurecht, wie sie gerade benötigt werden, ohne eine einfache, schlüssige Logik bieten zu können. Als Ergebnis dieser missglückten Erklärungsversuche lässt sich festhalten, dass die Experten für den unerwarteten Euro-Verfall gar keine plausible Erklärung zu bieten hatten. EZB-Präsident Duisenberg musste sogar eingestehen, dass die Währungshüter von der Entwicklung verwirrt waren.[146]

Die EZB unter Druck

Im Herbst 2000 beschleunigte sich der Euro-Verfall drastisch. Angesichts der desolaten Situation wurde erstmals von Alfred Broaddus, dem damaligen Präsidenten der Notenbank von Richmond, öffentlich die Frage aufgeworfen, ob die junge Währung überleben werde.[147]

In dieser Lage wurden auch die Analysten und Experten zunehmend von Angst erfasst, und der Wall-Street-Guru Byron Wien sagte für das Jahr 2001 voraus, dass der Euro weiter fallen und dass dies zu Unruhen in Deutschland führen werde.[148]

Von allen Seiten wurde die Europäische Zentralbank mit Forderungen konfrontiert, den Euro durch Interventionen zu stützen. Auch der Spekulant George Soros erklärte, dass der fortgesetzte Kursverfall des Euros an den internationalen Devisenmärkten nur durch eine Intervention der Zentralbanken umgekehrt werden könne. Weiter warnte er, dass ein Kurs von weit unter 0,90 Dollar pro Euro möglicherweise negative politische Konsequenzen hätte.[149] Gerade das machte jedoch die meisten Zentralbanker stutzig, da Soros bereits 1992 den ECU durch Spekulation gesprengt hatte und befürchtet wurde, er wolle wieder schnelles Geld verdienen.[150]

---

[146] *Frankfurter Allgemeine Zeitung*, 27.4.2000.
[147] *Financial Times Deutschland*, 18.9.2000.
[148] *Die Welt*, 4.1.2001.
[149] *Financial Times Deutschland*, 5.9.2000.
[150] *Finanz und Wirtschaft*, Zürich, 17.5.2000.

Eine Reihe von Volkswirten forderte die EZB ebenfalls zum Verkauf von Dollar-Reserven auf, und EZB-Präsident Wim Duisenberg musste vor dem europäischen Parlament die Schwäche der Gemeinschaftswährung erneut als Besorgnis erregend bezeichnen. Der damalige EU-Kommissionschef Romano Prodi trat gleichzeitig für Interventionen der Notenbanken Europas, der USA und Japans zu Gunsten des Euros ein. Ebenfalls forderten der Chefvolkswirt der Deutschen Bank, Norbert Walter, und der ehemalige Chef der Wirtschaftsweisen, Herbert Hax, einen Verkauf von Devisenreserven, um den Euro zu stützen.[151]

Der Dollar – das wahre Problem

Wir werden nun sehen, dass bei der Kursentwicklung zwischen Euro und US-Dollar gar nicht so sehr der Euro das Problem darstellt, sondern dass sein großer Bruder, der US-Dollar, schon seit langem angeschlagen ist. Der US-Dollar ist nämlich ständig in Gefahr, im Kurs zu verfallen, was letztlich auch den Euro mitreißen würde. Dabei könnte ein Absturz der US-Währung zu einem Zerbrechen des Euro-Verbundes führen. Deshalb sind die weltweiten Finanzinstitutionen auch so sehr daran interessiert, den Dollar-Kurs möglichst hoch zu halten.

Dass es dabei darum geht, das weltweite System vor dem Zusammenbruch zu bewahren, wurde vor allem im Herbst 1998 deutlich: Damals befand sich das gesamte Finanzsystem kurz vor dem Zusammenbruch, als Russland im Sommer zahlungsunfähig wurde, weil der feste Wechselkurs des Rubels zum US-Dollar zusammengebrochen war, was zu einer massiven Aufwertung der Auslandsschulden geführt hatte. In der Folge ging ein großer Hedge-Fonds in den USA bankrott, und es entstand die Gefahr, dass weltweit Banken, die direkt oder indirekt an dem Fonds beteiligt waren, in Schwierigkeiten kommen könnten. Schnell begann der US-Dollar zu fallen, und die erste Welle einer Kapitalflucht aus den USA setzte ein – das System stand vor der »Kernschmelze«, wie George Soros später sagte. Als der Dollar die Marke von 1,60 DM unterschritt, entschlossen sich

---

[151] *Die Welt*, 13.9.2000.

eine Reihe von Notenbanken zu massiven Interventionen. Seit diesem Tage wurde alles unternommen, um den US-Dollar zu stützen. Trotz aller »Besorgnis um den Euro« wollen die Verantwortlichen letztlich doch keinen steigenden Euro und damit fallenden Dollar, weil allen klar ist, dass dann das Ende unseres hochspekulierten Finanzsystems gekommen ist.

Dass die Verantwortlichen tatsächlich nichts mehr fürchten als einen Euro-Anstieg und damit einen Dollarverfall, wird auch an einem Beitrag von Jürgen Pfister, Leiter Volkswirtschaft bei der Commerzbank, deutlich, der die Gefahr eines Dollar-Crashs sieht. Ausdrücklich weist er auf die Achillesferse des Dollars hin, die in dem gigantischen Leistungsbilanzdefizit der USA bestehe. Selbst die Vereinigten Staaten könnten auf Dauer nicht in diesem Maße über ihre Verhältnisse leben, also mehr Güter absorbieren als produzieren bzw. sich in der Welt verschulden. Er meinte weiter, dass er mittelfristig eher die Gefahr eines Dollar-Crashs als die eines Euro-Crashs sehe. Das Problem liege nicht beim Euro, sondern vielmehr beim Dollar.[152]

Amerikas Handelsbilanzdefizit – die Ursache des kommenden Dollar-Crashs

Ein Handelsbilanzdefizit bedeutet, dass ein Land mehr Güter importiert, als es im Gegenzug exportiert. Um die Importquote trotzdem aufrechterhalten zu können, muss sich dieses Land im Ausland verschulden, es finanziert also seine Wareneinfuhr mit Krediten. Die USA beispielsweise finanzieren den Großteil ihres scheinbaren Aufschwungs durch Schulden, mit denen Waren aus dem Ausland eingeführt werden. Die Wirtschaft in Amerika hängt inzwischen völlig vom steigenden Konsum der Bevölkerung ab – bei einem Konsumrückgang würden die Umsätze einbrechen, und es käme zu einem Crash. Die einzige Möglichkeit, um den Zusammenbruch in die Zukunft zu verschieben, besteht also darin, sich im Ausland zunehmend zu verschulden und damit den steigenden Konsum im Land zu finanzieren, der wiederum die Aktienkurse weiterklettern lässt. Dies erweckt in der

---

[152] *Financial Times Deutschland*, 19.12.2000.

Bevölkerung den Eindruck, dass es sich in Amerika um richtiges Wachstum handle, und viele Ausländer sind im Gegenzug bereit, der amerikanischen Volkswirtschaft Geld zur Verfügung zu stellen. Schon 1999 stieg das Defizit gegenüber dem Vorjahr um fast 54 Prozent auf 339 Milliarden Dollar, was bereits 3,7 Prozent des Bruttosozialprodukts ausmachte. Bis zum Jahr 2008 war das Defizit bei fast sieben Prozent angelangt. Als es damals zur Asienkrise kam, hatten die Tigerstaaten ein damals so genanntes »astronomisches Handelsbilanzdefizit« von drei Prozent. Amerika hat heute ein mehr als doppelt so hohes Leistungsbilanzdefizit, ohne dass dies den Markt besonders beunruhigen würde. Dabei ist es nur eine Frage der Zeit, bis es – analog zur Asienkrise – zu einem massiven Dollarverfall kommt.

Wie im Kapitel über Wechselkurse gezeigt, müsste die Lücke zwischen Aus- und Einfuhren durch eine Abwertung des Dollars verringert werden. Dadurch würden sich die Importe für Amerika verteuern, während die amerikanischen Waren für Ausländer günstiger würden. Ein Rückgang des Dollars müsste also am freien Markt jedes Handelsbilanzdefizit automatisch beseitigen. Das amerikanische Kreditinstitut Merrill Lynch veröffentlichte im Jahr 1999 eine Studie, wonach der Dollar um 40 bis 45 Prozent abgewertet werden müsste, um das Leistungsbilanzdefizit auszugleichen.[153] Dabei war damals das Defizit wesentlich kleiner als heute und der Dollar viel niedriger bewertet – die Überbewertung des Dollars ist also mittlerweile noch viel höher.

Sogar der Internationale Währungsfonds (IWF) hat vor dem Leistungsbilanzdefizit der USA als Auslöser einer Weltwirtschaftskrise gewarnt, so zum Beispiel Michael Mussa, ehemaliger Chefökonom des IWF, der vor neuen größeren Finanzkrisen in den aufstrebenden Volkswirtschaften warnte. Die Verwerfungen könnten seiner Ansicht nach kurzfristig auftreten und durch externe Schocks aus den Industieländern verursacht werden. Dabei könnten die wichtigsten Handelsbilanzdefizite in der Welt, vor allem das amerikanische, bei einer Korrektur der Ungleichgewichte zu einer ernsten Finanzkrise führen. Verbunden mit einem Aktiencrash könnte dies die aufstrebenden Länder deutlich treffen.[154]

---

[153] *Frankfurter Allgemeine Zeitung*, 24.2.1999.
[154] *Handelsblatt.com*, 19.9.2000.

Dass den Verantwortlichen der Ernst der Lage durchaus bewusst ist, wird auch an einer Äußerung des ehemaligen New Yorker Notenbankchefs William McDonough deutlich, in der er sich über das wachsende Außenhandelsbilanzdefizit der USA besorgt zeigte. Fälschlicherweise schränkte er jedoch ein, das wenn die Leute das Vertrauen in den Dollar verlieren sollten, es keine andere Investitionsmöglichkeit mehr gebe. Daraus schlussfolgerte er, dass ein merklicher Kursverlust der US-Währung wenig wahrscheinlich sei und die Lage der Weltwirtschaft somit als stabil gelten könne.[155]

Dies ist jedoch ein großer Trugschluss: Wenn sich weltweit tatsächlich keine Investitionsmöglichkeiten mehr für das Kapital ergeben, dann zieht sich dieses vom Geldkreislauf zurück, und es kommt zur Deflation und einer neuen, massiven Weltwirtschaftskrise. Das bedeutet dann, dass mit dem Dollar auch der Euro in Schwierigkeiten gerät und an seinen inneren Spannungen zerbricht. Der Dollarkurs spielt also eine entscheidende Rolle dabei, wann das System zu kippen beginnt.

Mit dem Dollarverfall zur Weltkrise

Tatsächlich befinden sich die USA in einem Dilemma: Durch einen hohen Dollarkurs steigt das Leistungsbilanzdefizit immer weiter an, die Auslandsverschuldung explodiert. Sobald jedoch der Dollar anfinge zu fallen, müsste eine panikartige Kapitalflucht einsetzen, die die US-Wirtschaft ruinieren würde. Also wird durch einen künstlich hohen Dollarkurs versucht, das Kapital in Amerika zu halten. Immer wenn es an den Börsen unsicher wird, geht plötzlich der Dollar unerklärlicherweise nach oben. Die Gefahr besteht darin, dass die ausländischen Gelder schnell wieder abgezogen werden, wenn Investitionen in den USA wegen anhaltender Kursverluste nicht mehr attraktiv genug erscheinen. Doch damit wäre die Finanzierung des Leistungsbilanzdefizits nicht länger sichergestellt. Die Importe würden sinken, und die Amerikaner müssten ihren Konsum einschränken, was über eine deflationäre Abwärtsspirale eine Depressi-

---

[155] *Süddeutsche Zeitung*, 11.9.2000.

on verursachen würde.[156] Dies hätte wiederum gravierende Auswirkungen auf die ganze Welt. So würden in Europa, speziell in Deutschland, die Exporte zusammenbrechen, weil die Güter, die nicht in Euro, sondern in Dollar abgerechnet werden für Nicht-Euro-Länder teurer werden. Exporteinbrüche wiederum – die vor allem die weniger produktiven Länder innerhalb der EU betreffen – werden dazu führen, dass die Spannungen in der Euro-Zone steigen, und es ist dann nur eine Frage der Zeit, wann die ersten Länder zum Austritt aus dem Euro gezwungen sind, was dann schnell in einem Zerfall des gesamten Euro-Systems endet.

Da jedoch die Konjunktur in Europa nur durch starke Ausfuhren in Gang gehalten werden kann, würde es hier zu einer Rezession kommen. Auch Japan müsste zusammenbrechen, da dieses Land noch mehr auf Exporte angewiesen ist. Mit Japan müsste wiederum ganz Asien einbrechen. Es käme also zur beschriebenen deflationären Abwärtsspirale. Außerdem wurden in den neunziger Jahren große Volumina japanischen Geldes in den USA angelegt. Wenn nun der Dollar anfangen sollte zu fallen, wären japanische Anleger zunehmend gezwungen, ihre Depots aufzulösen, um bei einem weiteren Verfall einen Wechselkursverlust möglichst zu verhindern. Mit einem solchen Abzug von Kapital käme jedoch der Dollar zusätzlich unter Druck. Außerdem würden aus Angst auch reihenweise Wertpapiere an der Börse abgestoßen. Das ganze aufgeblähte System in den USA hängt also am seidenen Faden eines hohen Dollarkurses. Sobald dieser zu fallen beginnt, kommt es zum Zusammenbruch.

Eine Dollarkrise ist nicht zu vermeiden

Wie bereits im Kapitel »Der Dollar – das wahre Problem« beschrieben, ist fundamental gesehen der US-Dollar die eigentlich schwache Währung. Nicht umsonst befindet sich der Dollar – seit dem Tiefpunkt des Euros im Jahr 2002 – in einem stufenweisen Sinkflug gegenüber dem Euro, das heißt, die europäische Einheitswährung gewinnt an Wert (siehe Abbildung 12).

---

[156] *Financial Times Deutschland*, 16.3.2000.

Abb. 12: Wechselkurs des Euros zum Dollar

Finanzexperten aus Europa warnen schon lange vor wachsenden wirtschaftlichen Ungleichgewichten als Folge abrupter Schwankungen an
den Devisenmärkten. Dabei ist der US-Dollar das Hauptproblem. Wenn
eine neue Wirtschaftskrise, ähnlich der von 1930, einsetzen würde, könnten auch Interventionen der Notenbanken nichts mehr nützen, da in diesem Moment eine solch massive Kapitalflucht aus den USA entstehen
müsste, dass die Devisenreserven aller Notenbanken der Welt nicht aus-
reichen würden, den US-Dollar auf seinem überbewerteten Niveau zu
halten. Man bedenke, dass an den internationalen Devisenmärkten täglich die Summe von zwei Billionen Dollar umgesetzt wird. Demgegenüber
verfügen alle Notenbanken der Euro-Zone zusammen über Fremdwäh-
rungsreserven im Wert von gerade einmal 238 Milliarden Euro. Ein direk-
ter Zugriff besteht für die EZB jedoch nur auf 42,2 Milliarden.[157] Die Europäische Zentralbank hat also, genau wie die amerikanische Notenbank,
gar keine Chance, große Kapitalbewegungen – welche unter einem Crash

---

[157] *Süddeutsche Zeitung*, 21.9.2000.

noch ein Vielfaches des heutigen normalen Handelsvolumens annehmen würden – irgendwie zu beeinflussen. Auch die Deutsche Bundesbank hat bereits darauf hingewiesen, dass im Zweifel Interventionen nicht nur wirkungslos blieben, sondern sogar den Druck am Devisenmarkt verstärken könnten.[158]

Finanzexperten aus Europa wiesen ebenfalls darauf hin, dass die weltweit immer schärfere Konkurrenz im Finanzbereich – auf der Jagd nach Rendite – die Risiken für das weltweite Finanzsystem erhöhe und deshalb die Kurse an den Welt-Finanzmärkten immer heftiger und übertriebener schwanken würden. Vor allem die geringe Spareigung und das extreme Handelsbilanzdefizit in den USA stellten gravierende gesamtwirtschaftliche Ungleichgewichte dar. Demgegenüber widersprächen die Wechselkurse zum Teil der aktuellen wirtschaftlichen Stärke oder Schwäche einer Volkswirtschaft. Vor allem der US-Dollar sei sehr hoch bewertet, obwohl die USA ihre Auslandsverschuldung ständig erhöhten. Genauso entspräche der Euro-Kurs nicht den realen Verhältnissen.[159] Ein schneller Abfall des Dollars würde unser Finanzsystem vor unlösbare Probleme stellen.

Wenn dieser unvermeidbare Zusammenbruch in Gang kommt, wird vor allem der Euro einer gewaltigen Belastungsprobe ausgesetzt. Weil das Kapital aus den USA abgezogen und ein guter Teil davon in Europa investiert wird, steigt der Kurs des Euros zunächst sehr schnell. Allerdings wird dieses Kapital aus Amerika nicht gleichmäßig in Europa investiert, sondern die Länder profitieren unterschiedlich davon. Der Großteil des Kapitals wird selbstverständlich in die starken Staaten investiert, während die schwächeren Nationen nur einen geringen Teil abbekommen. Da der Kapitalstrom in solch einer Lage gewaltig ist, werden die durch die Einheitswährung bedingten Spannungen in Europa noch viel größer, ohne dass die EZB eingreifen könnte.

Hier stellt sich die Frage, wie es mit dem Euro weitergehen wird.

---

[158] *Süddeutsche Zeitung*, 25.1.2001.
[159] *Yahoo Schlagzeilen*, 26.11.2000.

DREI SZENARIEN FÜR DEN WEG DES EUROS IN DEN UNTERGANG

Nach der Euro-Einführung sind mehrere Szenarien denkbar:

➤ Bankrott durch die EU-Osterweiterung
➤ Plötzliche Spannungen im Euro-System durch eine Wirtschaftskrise
➤ Gewaltsame »Lösungen« im zerfallenden Euro-System

Diese drei Szenarien gehen von einer Zeit wirtschaftlicher Schwierigkeiten aus, welche den Euro unter Druck bringen. Die Ursachen für eine solche Wirtschaftskrise liegen in Fehlern unseres Kapitalsystems begründet, wie im letzten Abschnitt erläutert. Wie die Verantwortlichen auf diese Krise reagieren werden, bleibt abzuwarten.

Noch viel schlimmer wird die Situation und Belastung Europas durch die schon begonnene EU-Osterweiterung.

»300 Milliarden Euro entsprechen etwa 80 Prozent der jährlichen Wirtschaftsleistung Österreichs. Sollte also nur – sagen wir – ein Zehntel der Forderungen uneinbringlich sein, wären die österreichischen Banken rasch überfordert, der Staat müsste einspringen und seine Verschuldung nennenswert erhöhen.«

Frankfurter Allgemeine Zeitung, 5.11.2008

EU-Osterweiterung – Europa vor dem Bankrott

Um allein die Ost-Staaten auf das europäische Durchschnittsniveau zu bringen, sind gewaltige Finanzleistungen erforderlich. So muss Litauen nahezu ein Drittel seines Staatshaushalts Jahr für Jahr aufwenden, um überhaupt auf ein angemessenes Niveau zu kommen.[160] Da diese Staaten solch hohe Kosten nicht selbst tragen können, muss zwangsläufig die EU – vor allem wieder Deutschland – einspringen. Die positiven Folgen nehmen sich dabei für die bisherige EU äußerst bescheiden aus: So erklärte eine EU-Studie, dass durch die Osterweiterung das zusätzliche Wachstum bei gerade einmal 0,5 bis 0,7 Prozent liegen wird. Dabei solle der Wachstumszuwachs vor allem durch die Zuwanderung von jährlich 180.000 Arbeitskräften aus dem Osten geschaffen werden. Zwei Drittel dieser Zuwanderer würden nach Deutschland kommen. Nichtsdestotrotz könnten Ost-Staaten laut dieser Studie sogar unter günstigen Bedingungen in 22 Jahren allenfalls 75 Prozent des EU-Wohlstandsniveaus erreichen.[161]

Die Folgen der EU-Osterweiterung sind ganz klar: Zusätzlich zur Finanzierung der Euro-Ungleichgewichte müssen noch erhebliche Summen für die neuen EU-Staaten aufgebracht werden. Dazu kommt, dass beispielsweise seit Beginn der EU-Osterweiterung die Förderungen für strukturschwache Regionen in Deutschland – wie die neuen Bundesländer – von der EU gestrichen werden und damit die Nettolast für Deutschland noch

---

[160] *Handelsblatt.com*, 13.6.2001.
[161] *Die Welt*, 14.6.2001

erheblich ansteigen wird[162] Dabei wird der Zuzug von Arbeitskräften die Situation durch sinkende Löhne erheblich verschlechtern. Dies trifft auch wiederum vor allem auf Deutschland mit seinem (noch) relativ hohen Lohnniveau zu. Sicher ist, dass durch die Osterweiterung sowohl die Kosten als auch die Streitereien in der Euro-Region noch erheblich zunehmen werden. Fraglich ist allerdings, ob eine Währung ohne politisch stabile Basis überhaupt existenzfähig ist.

Wie sehr die Osterweiterung eine Gefahr für die ganze EU – und damit den Euro – bildet, zeigte sich, als die Bankenkrise im Jahr 2008 Europa erreichte. Es stellte sich ganz schnell heraus, dass das ganze enorme »Wachstum« der EU-Oststaaten nur durch eine immense Verschuldung finanziert worden und gar nicht nachhaltig war.

In Estland lag das Leistungsbilanzdefizit bei astronomischen 16 Prozent, in Litauen bei 13 Prozent des jeweiligen BIP. Gleichzeitig explodierten allein die estnischen Verbraucherkredite um 65 Prozent im Jahr 2006. Damit wurden 38 Prozent der gesamten jährlichen Wirtschaftsleistung und 70 Prozent der verfügbaren Einkommen der Baltenrepublik »finanziert«.

2007 stieg die private Verschuldung im gesamten Baltikum noch einmal um 45 Prozent an.

Bei solchen Zahlen war es kein Wunder, dass vor allem Lettland im Jahr 2008 in eine massive Finanzkrise schlitterte und ohne EU- und IWF-Gelder den Staatsbankrott hätte anmelden müssen.

Nicht viel besser war es in den anderen EU-Oststaaten: 2007 wuchs das Volumen der privaten Kredite in Bulgarien um extreme 60,4 Prozent, in Rumänien um 55,2 Prozent.

In Polen das gleiche Spiel: Die private Kreditaufnahme stieg 2007 um nahezu 40 Prozent. Die Verbindlichkeiten der polnischen Privathaushalte

---

[162] *Handelsblatt.com*, 24.7.2001.

betrugen im Juni 2008 schwindelerregende 299 Milliarden Zloty (nahezu 100 Milliarden Euro), wobei 1,2 Millionen dieser privaten Kreditnehmer bereits länger als 60 Tage mit ihren Ratenzahlungen im Verzug sind.

So wurde das Wachstum dieser »Musterländer« durch Schulden finanziert, und bei einem Anstieg der privaten Schulden um über 60 Prozent im Jahr 2007 profitierte davon beispielsweise der Einzelhandelsumsatz 2008 mit einer Umsatzsteigerung von 15,7 Prozent gegenüber dem Vorjahr.[163]

Angesichts solch unsolider Schuldenstände entwickelte sich nach dem Platzen der Spekulationsblasen im Jahr 2008 der EU-Osten zunehmend zu einem Pulverfass. Da ein Großteil der Kredite an den EU-Osten von österreichischen Banken finanziert worden war, geriet auch ganz Österreich in den Strudel der Krise. Das Land musste zunehmend Zinsaufschläge auf seine Anleihen akzeptieren, da der Finanzmarkt einen Zusammenbruch Österreichs befürchtete. Von den 614 Milliarden Euro Forderungen Österreichs beliefen sich Ende 2008 ganze 297 Milliarden Euro – und damit fast die Hälfte – nur auf Ostblockländer.[164] Sollten diese Forderungen im Zuge einer verschärften Finanzkrise ausfallen, wäre ganz Österreich davon betroffen. Das zeigt, wie der Euro vor allem durch »externe Schocks«, also eine Wirtschaftskrise in Schwierigkeiten kommt.

[163] *Heise*, 14.8.2008.
[164] *Frankfurter Allgemeine Zeitung*, 5.11.2008.

»Die BIZ (Bank für internationalen Zahlungsausgleich, d.A.) sagt voraus, dass die längerfristige unerlässliche Anpassung der heutigen Ungleichgewichte ... »beinahe zwangsläufig erhebliche Veränderungen der Wechselkurse mit sich bringen« werde. ... Eine beträchtliche Aufwertung des Euros dürfte Teil des Anpassungsprozesses sein. ... Finanzkrisen könne es auch zukünftig geben, wenn ein plötzlicher Vertrauensverlust in einem der wichtigen Welthandelsländer eintrete.«

Financial Times, Frankfurt/London, 31.5.2000

Der Euro in der Wirtschaftskrise

Die folgenden Szenarien gehen davon aus, dass es nach der Einführung des Euros weltweit zu erheblichen wirtschaftlichen Spannungen kommt – Spannungen, wie wir sie im Verlauf der Bankenkrise seit dem Jahr 2008 erleben. Diese Ungleichgewichte müssen sich dann auch auf die Wechselkurse weltweit und die Funktionsfähigkeit des Euro-Systems auswirken.

Im Jahr 2008 begann die Welt in eine massive Bankenkrise zu stürzen – diese Bankenkrise brachte im weiteren Verlauf auch den Euro zunehmend unter Druck. Es passierte also genau das, was wir schon in vorherigen Kapiteln über Wechselkurspuffer gesehen haben: Externe Schocks führen dazu, dass die Länder im Euro-Verbund sich nicht mehr über Wechselkursabwertungen stabilisieren können, wodurch sich immer stärkere Spannungen aufbauen. Welche Folgen das hat und wie es zur Bankenkrise kam, wird in diesem Kapitel beschrieben.

Der Euro in der Bankenkrise

Die Bankenkrise von heute ist eine eindeutige Folge unseres Systems. Je mehr Kaufkraft über den Zins vom Konsum abgezogen wird, um so mehr muss die Verschuldung angeheizt werden, um überhaupt noch neues Geld in die Wirtschaft zu bringen. Das ging nur, weil mehrere Spekulationsblasen entstehen konnten, und wenn eine platzte, dieser eine neue, noch größere folgte.

Um die Bankenkrise zu verstehen, muss man etwa zehn Jahre zurückblicken, in die Zeit, als »Aktien für jedermann« hochgelobt wurden.

Die Aktienblase

In den 1990er Jahren wurden Aktien verstärkt beworben und den Kleinanlegern zum Kauf empfohlen. Angeblich könne man damit nur Gewinne machen, und das würde auch in alle Ewigkeiten so weitergehen, wurde behauptet. Mit großem Werbeaufwand wurde in Deutschland die Telekomaktie als »Volksaktie« beworben und – wie sich später herausstellte – zu völlig überhöhten Preisen an die Bürger verkauft.

In den USA war die Situation noch extremer: Dort war fast die Hälfte der Bürger in die Aktienspekulation verwickelt. In der Erwartung auf ständig höhere Kurssteigerungen wurden immer mehr Aktien gekauft – oft sogar auf Kredit. Diese immer größeren Aktienkredite und der Irrglaube, der Wert des Aktiendepots werde ewig um 20, 30 oder gar 40 Prozent pro Jahr anwachsen, führten dazu, dass die Amerikaner sich reich fühlten und zu einem regelrechten Konsumrausch ansetzten. Nur durch diesen Konsumrausch und die steigenden Aktienkurse konnte damals eine Schuldenkrise und Rezession in den USA und damit der ganzen Welt verhindert werden.

Doch die Aktien-Spekulationsblase hatte einen Preis: Man konnte den Wert von Aktien nicht unbegrenzt nach oben spekulieren, ohne dass dies auf realem Fundament gründete. Und die Entwicklung von Börsenwert und realem Wert klafften weit auseinander! Damals stieg weltweit die Börsenkapitalisierung von Unternehmen fast 30-mal schneller als die reale Wertschöpfung.

Am Ende wurden kleine, hoch verschuldete Internetunternehmen zu einem höheren Wert gehandelt als ganze Fluggesellschaften mit ihren

Flugzeugflotten. EM.TV beispielsweise war Ende 1999 mit etwa dem 100-Fachen des Unternehmensgewinns an der Börse notiert, was einer Marktkapitalisierung von sieben Milliarden Euro entsprach. Das war genauso viel wie der Börsenwert der Deutschen Lufthansa – mit dem Unterschied, dass EM.TV kaum Sachwerte vorzuweisen hatte, während allein die Flugzeuge der Lufthansa etwa sieben Milliarden Euro wert waren.[165]

Im Dezember 1999 übertraf der weltweite Aktienwert erstmals gar den Wert der weltweit produzierten Güter. Im Jahr 1997 waren es 64 Prozent und 1989 noch 42 Prozent gewesen.[166] Auch das Volumen des in die Börsen investierten Kapitals entwickelte sich exponentiell: 1984 flossen in den Vereinigten Staaten netto 5,4 Milliarden Dollar in Aktienfonds, 1994 waren es 119 Milliarden, 1997 sogar 227 Milliarden.[167]

Kritikern dieser Entwicklung wurde damals vorgeworfen, sie seien Pessimisten und würden nicht erkennen, dass alte Gesetze in der »Neuen Ökonomie« nicht mehr gelten würden.

Doch schließlich platzte die Blase im Jahr 2000, und um eine Rezession in den USA zu vermeiden, begann die amerikanische Notenbank Fed die Zinsen massiv zu senken. Das war der Startschuss für die nächste, noch weit größere Blase: die Immobilienblase.

Die Immobilienblase

Angetrieben durch günstige Kredite, begannen die Amerikaner, Immobilien zu kaufen. Buchgewinne aus dem Immobilienbereich bildeten übrigens die Grundlage für den landesweiten Konsumrausch. Und weil die Häuser dank der aberwitzigen Nachfrage immer mehr an »Wert« gewannen, vergaben die Banken den Hausbesitzern für den gestiegenen Preis zusätzliche Hypotheken. Als Sicherheit dienten somit oft die eigenen vier Wände, die allerdings vielfach selbst auf Pump gebaut waren. Nur durch diese immer neuen Kredi-

---

[165] *Die Welt*, 13.9.1999
[166] *Handelsblatt interaktiv*, 24.12.1999.
[167] *Die Zeit*, 12.5.1999.

te konnten große Bevölkerungsteile dann überhaupt noch konsumieren. Dabei wurden Immobilien zunehmend nicht mehr gekauft, um darin zu wohnen, sondern waren zum Spekulationsobjekt degradiert worden.

Der Finanzexperte Marc Faber meinte dazu: »Die neueste Anlagemode, oder besser gesagt: -Manie, betrifft gegenwärtig in den USA den Wohnungsbau, bei dem in den letzten drei Jahren in vielen Küstenregionen, aber insbesondere in Kalifornien und Florida, die Preise um rund 100 Prozent gestiegen sind. Einer in Los Angeles durchgeführten Meinungsumfrage zufolge gehen die Anleger davon aus, dass die Preise von Einfamilienhäusern während der nächsten zehn Jahre um jährlich weitere 22 Prozent ansteigen werden. Damit dürften wir uns in Bezug auf Immobilien in einer ähnlichen Lage befinden, wie wir es im Jahr 2000 im Bereich des Neuen Marktes erlebten. Das böse Ende ist bekannt.«[168]

Das ganze »Spiel« breitete sich weltweit aus. Experten schätzen sogar, dass sich 70 Prozent aller Länder der Welt mittlerweile in einer Immobilien-Spekulationsblase befinden. Allein in den letzten fünf Jahren erhöhte sich dabei der Marktpreis von Wohnimmobilien in den wichtigsten Volkswirtschaften der Welt von 30 auf 70 Billionen Dollar.

So wurden beispielsweise sogar in Moskau mehr als 40 Prozent der Immobilien nur deshalb gekauft, um kurzfristig Gewinne zu machen. Experten sprachen bereits von einer beginnenden Spekulationsblase.[169]

In Spanien stiegen die Immobilienpreise so schnell, dass immer mehr Käufer nicht in der Lage waren, die monatlichen Kreditraten zu zahlen. Deshalb gingen die Banken zunehmend dazu über, extrem lang laufende Kredite – bis zu 50 Jahre – zu vergeben, um über die niedrigeren Ratenbeträge neue Käufer anzulocken. Im Jahr 2005 wurden in Spanien fast 740.000 Wohnungen gebaut. Das stellte einen neuen Rekord auf und war mehr als in Deutschland, Frankreich und England zusammengenommen. Die Wohnungspreise hatten sich dadurch in den letzten zehn Jahren mehr als verdoppelt, in den letz-

[168] *Die Welt*, 11.6.2005.
[169] *Die Welt*, 4.7.2005

ten 20 Jahren sogar fast verdreifacht. Vor allem gegenüber den Einkommen zeigte sich der Irrsinn dieser Entwicklung: Zwischen 1987 und 2004 stiegen die Wohnungspreise 14 Mal stärker als die Löhne. Verschlimmert wurde die ganze Situation noch durch die extreme Verschuldung der Familien. Alle bedeutenden Finanzorganisationen weltweit warnten letztlich vor der Tatsache, dass diese Verschuldung mittlerweile 75 Prozent des spanischen Bruttoinlandsprodukts überstieg. Besonders problematisch war, dass die Kredite nur zu variablen Zinssätzen vergeben wurden. Das heißt, jede Zinserhöhung könnte sofort zu einer Überschuldung der breiten Masse führen. Schon 2004 warnte der IWF vor der Überbewertung der Immobilien und einer plötzlichen Korrektur. Eine platzende Immobilienblase würde die gesamte spanische Ökonomie ruinieren, deren Hauptstütze die Baubranche sei.[170]

Auch in China entwickelte sich eine bedenkliche Immobilienspekulation: Aus dem nahen Ausland strömte Geld in die Metropolen, in der Hoffnung auf steigende Preise und eine Aufwertung der chinesischen Währung Yuan. Zwischen 2002 und 2005 verdoppelten sich Schätzungen zufolge die Immobilienpreise im Yangtse-Delta um Shanghai und schossen in Provinzhauptstädten im ganzen Land um immerhin 60 Prozent in die Höhe. Allein im ersten Quartal 2005 kletterten die Wohnungspreise in den wichtigsten 35 Städten um mehr als zehn Prozent.[171]

Die in den meisten Ländern weltweit zum Teil drastisch steigenden Immobilienpreise zeigten deutlich, dass etwas mit der Wirtschaftsordnung nicht in Ordnung war. Denn Preiserhöhungen im Immobilien- und Grundstückssektor können nur dann dauerhaft stabil sein, wenn sie im Gleichschritt mit den Einkommen steigen. Wenn Häuserpreise aber viel schneller steigen als die Arbeitseinkommen der Bevölkerung, dann bedeutet dies, dass sich die Möglichkeit, ein Haus zu erwerben, für den Durchschnittshaushalt immer mehr verringert. Zwar kann dies vorübergehend kompensiert werden, indem beispielsweise die Kreditvergabe an Häuserbauer erleichtert wird, jedoch wird das damit erkauft, dass die Überschuldung der Haushalte noch weiter zunimmt.

---

[170] *Telepolis*, 11.1.2006
[171] *FTD*, 19.5.2005.

Es bleibt dabei: Trotz aller Werbung für Kredite und Hypotheken können Häuser, wie alle Güter, nur durch Arbeit erwirtschaftet werden – alles andere geht zulasten der Zukunft und muss früher oder später zu deutlichen Problemen führen. Gesund ist ein Immobilienmarkt auch nur dann, wenn die Häuser als Wohngebäude gekauft werden. Wird jedoch ein guter Teil der Käufe nur deshalb getätigt, um kurzfristige Spekulationsgewinne zu erzielen, und das noch mit Schulden finanziert, so ergeben sich für das ganze Finanzsystem bedenkliche Instabilitäten.

Um den Markt weiter anzuheizen, wurde sogar alle paar Wochen in einer anderen Stadt der USA eine riesige Immobilienmesse veranstaltet: die »Real Estate Wealth Expo«. Für 499 Dollar Eintritt wurden die Besucher für die Immobilienspekulation begeistert.[172]

Das »Aufschwungsmärchen«

Bei der weltweit einsetzenden Immobilienspekulation war Deutschland eines der wenigen Länder, in denen der Häusermarkt nicht heiß lief. Um auch hier die Bevölkerung ruhig zu stellen und ihr vorzugaukeln, der Wohlstand stünde vor der Tür, wurde eine gigantische Werbemaßnahme ins Leben gerufen: das Aufschwungsmärchen.

Von 2005 an wurde gebetsmühlenartig über beinahe alle Medien verkündet, dass Deutschland sich in einem »gewaltigen Boom« befinde, der auch bald bei den kleinen Leuten ankommen werde. Laut dieser Propaganda wurde behauptet, dass in der Industrie bereits so viele Aufträge eingegangen seien, dass diese gar nicht mehr abgearbeitet werden könnten, weil das Personal dazu fehle.

Diese Propaganda wirkte so intensiv, dass kritische Stimmen – insbesondere zur weltweit ausufernden Spekulation – in der Bevölkerung keinen Anklang mehr fanden.

---

[172] *Der Standard*, 17.2.2007.

Die Immobilienaufblaser: Fannie Mae und Freddie Mac

In Amerika gelangten vor allem die beiden halbstaatlichen Immobilienfinanzierer Fannie Mae und Freddie Mac zu trauriger Berühmtheit. Banken vergaben in den USA zuletzt Kredite an Personen, die keinerlei Sicherheiten bieten konnten. Manche sprachen sogar davon, dass ihnen der Kredit regelrecht aufgedrängt wurde. Für die amerikanischen Banken war es allerdings auch sehr leicht, von der Immobilienblase zu profitieren: Sie reichten die Kredite einfach an die beiden halbstaatlichen Immobilienfinanzierer weiter, die diese Einzelschulden in Pakete zusammenfassten und als »Wertpapiere« an Hedge-Fonds und andere Finanzierer weiterverkauften. Damit wurden jedoch die Risiken nicht – wie behauptet wurde – breit gestreut, sondern es entstanden regelrechte Zeitbomben am Weltfinanzsystem. Denn genau diese angeblich lukrativen Papiere wurden dann von europäischen Banken aufgekauft, um ebenfalls an dem »US-Wunder« teilzuhaben.

Das Platzen der Immobilienblase

Wie jedem Menschen mit gesundem Verstand klar war, musste auch diese Blase bereits nach wenigen Jahren platzen. Bereits im Jahr 2006 warnten Experten der Großbank Merrill Lynch, dass für das Jahr 2007 eine 40-prozentige Wahrscheinlichkeit bestehe, durch Platzen der Immobilienblase in eine Rezession zu geraten. In diesem Jahr war nämlich bereits die Hälfte des amerikanischen Wachstums direkt oder indirekt auf die steigenden Immobilienpreise zurückzuführen.[173] Anfang 2007 begannen dann die Immobilienpreise – zunächst in der Provinz, dann landesweit – zu fallen.

Diese Entwicklung zeigte sich bald darauf überall auf der Welt: Mitte 2008 fiel in Spanien die Zahl der verkauften Eigenheime um 40 Prozent im Vergleich zum Vorjahr.[174]

---

[173] *Reuters* Meldung, 27.6.2006.
[174] *Die Welt*, 1.6.2008.

Das gleiche passierte in England: Zuerst sanken die Preise nur um 0,3 Prozent pro Monat, bevor sie im April 2008 um über 2,5 Prozent absackten. Dazu kam, dass es in Großbritannien kaum noch Käufer gab und viele Immobilien schlicht unverkäuflich wurden.[175]

Damit setzte sich eine ganze Spirale in Gang, die zur Bankenkrise führte. Ein neuer englischer Begriff kam ins Gespräch, der Kredite mit niedriger Bonität beschrieb: »Subprime«. Aufgrund von Fehlspekulationen mit diesen Subprime-Papieren kam dann eine ganze Reihe von Banken unter die Räder.

Die Bankenkrise beginnt

Mitte 2007 bekamen zwei Hedge-Fonds der amerikanischen Investment-Bank Bear Stearns Probleme, weil sie in das Geschäft mit niedrigbesicherten Krediten verwickelt waren. Im März 2008 stand dann Bear Stearns gar vor dem Bankrott und musste in einem staatlich geförderten Notverkauf an die JP Morgan Bank verkauft werden – anderenfalls wäre das Finanzsystem in erhebliche Schwierigkeiten geraten.

Bereits im August 2007 gerieten die ersten deutschen Banken ins Trudeln. Die im Schuldensumpf verstrickte Deutsche Industriebank IKB musste in einer Rettungsaktion vor dem Ruin bewahrt werden.

Der Chef der deutschen Bundesanstalt für Finanzdienstleistungsaufsicht BaFin, Jochen Sanio, warnte damals vor der schwersten Bankenkrise seit 1931, wenn die IKB zusammenbrechen würde. Seiner Meinung nach habe die Gefahr bestanden, dass der plötzliche Zusammenbruch »bei den Marktteilnehmern eine unerwünschte psychologische Verunsicherung« auslösen könnte.[176]

---

[175] *Die Welt*, 18.4.2008.
[176] *RF News*, 2.8.2007.

Nur zwei Wochen später stand – aus den gleichen Gründen – die Sachsen-LB vor dem Ende und musste mit über 17 Milliarden Euro von der Sparkassen-Gruppe gestützt werden.

Später wurde bekannt, dass die größten Landesbanken mit 80 Milliarden Euro in diesem Spekulationssumpf steckten. Allein die WestLB war mit 20 Milliarden Euro in die Immobilienspekulation verwickelt.[177]

Im August 2008 waren schließlich die beiden US-Immobilienfinanzierer Fannie Mae und Freddie Mac selber am Ende und mussten vom Staat übernommen werden. Die von den beiden Instituten verwalteten Schulden beliefen sich auf fünf Billionen Dollar, was 3,4 Billionen Euro entsprach!

Mitte September 2008 kam dann die 158 Jahre alte Traditionsbank Lehman Brothers – eine der fünf größten Investmentbanken in den USA – in Schwierigkeiten und musste Insolvenz anmelden, weil ihr eine staatliche Unterstützung verweigert wurde.

Gleichzeitig musste Merrill Lynch von der Bank of America übernommen werden, und der zweitgrößte Versicherungskonzern der Welt, die American International Group, AIG, geriet ebenfalls in Schwierigkeiten.

Im weiteren Verlauf kam das ganze Bankensystem weltweit unter Druck, und in allen Ländern mussten Banken durch Milliardenhilfen gestützt werden. Die Auswirkungen auf Europa und insbesondere den Euro waren verheerend.

Auswirkungen der Bankenkrise auf den Euro

Die Bankenkrise traf die Länder innerhalb des Euro-Verbundes sehr ungleich. In erster Linie kamen die ehemaligen Schwachwährungsländer Spanien, Portugal, Griechenland und Italien unter Druck. Speziell die

---

[177] *n-tv*, 26.1.2008.

Länder, in denen sich wie in den USA eine Immobilienblase gebildet hatte, kamen in ernsthafte Schwierigkeiten.

Schnell kletterten die Zinsen der betroffenen Staaten durch Risikoaufschläge auf deren Staatsanleihen. Länder wie Griechenland, Portugal, Italien, Spanien und Irland mussten für die Neuaufnahme von Schulden weitaus höhere Zinsen zahlen als Deutschland. Damit klaffte die Zinsentwicklung bei Staatsanleihen im Euro-Raum immer weiter auseinander.

Anfang 2009 konnte die Bundesrepublik ihre Staatsanleihen mit einer Laufzeit von zehn Jahren zu einer Verzinsung von drei Prozent absetzen, während Griechenland seine Staatsanleihen nur mit einer Verzinsung von sechs Prozent auf dem Finanzmarkt platzieren konnte. Diese Zinsdifferenz zu den deutschen Staatsanleihen war bei irischen Bonds mit 2,25 Prozent ebenfalls sehr hoch, während die Anleihen der Mittelmeerländer Italien, Portugal und Spanien eine Differenz von ca. 1,5 Prozent zu den deutschen Wertpapieren aufwiesen.[178]

Das bedeutet, dass sich die wirtschaftliche Lage der ehemaligen Schwachwährungsländer immer mehr verdüsterte. Zum einen hatten sie unter der platzenden Immobilienblase zu leiden, zum anderen mussten sie immer höhere Zinsen für die anschwellende Staatsverschuldung bezahlen und konnten gleichzeitig nicht ihre Exportsituation durch eine Abwertung der nationalen Währung verbessern. In so einem Dilemma bleiben letztlich der Staatsbankrott und der zwangsläufige Austritt aus dem Euro die einzigen Auswege für einen »Neuanfang«.

Um den Bankrott aufzuschieben, schlug der belgische Ökonom Paul de Grauwe im Jahr 2009 vor, dass die Europäische Zentralbank Anleihen von Irland, Griechenland, Spanien und Italien kaufen solle, um deren Kurse künstlich zu stützen und die Zinsen in diesen Ländern zu senken.[179]

---

[178] *Telepolis*, 10.2.2009.
[179] *Independent Irland*, 9.2.2009.

Andererseits wollten nach dem Beginn der Bankenkrise immer mehr Länder dem Euro-Verbund beitreten, weil sie sich dadurch eine Verbesserung ihrer Lage erhofften. Nach der Pleite von Island forderte beispielsweise die dortige Übergangsregierung, dass das Land so schnell wie möglich dem Euro beitreten solle.[180]

Dabei würde es durch solch einen Schritt keinesfalls besser werden – im Gegenteil: Durch einen Beitritt zum Euro würde das Land seine Währungssouveränität verlieren, und es müsste – wie jetzt die ehemaligen Schwachwährungsländer Spanien, Portugal und Griechenland – mit permanenten massiven Handelsbilanzdefiziten leben, die das Land dann am Ende wieder aus dem Euro herauskatapultieren würden.

Die Maßnahmen der EU gegen die Krise sind ebenfalls mehr als fragwürdig: EU-Kommissionspräsident José Manuel Barroso verkündete beispielsweise Anfang 2009 – als die Krise immer mehr Länder zwang, ihre Staatsschulden zu erhöhen –, dass er die Länder mit Defizitverfahren dazu zwingen wolle, noch mehr zu sparen.[181] Damit jedoch verschärft er die Krise weiter: Nicht nur, dass die Länder keine eigenständige, angepasste Währungspolitik mehr betreiben können, auch die Defizitstrafen zwingen dann die betroffenen Nationen noch weiter in die Knie.

Anfang 2009 schlugen der italienische Finanzminister Giulio Tremonti, der Chef der Euro-Finanzminister Jean-Claude Juncker und Wirtschaftskommissar Joaquín Almunia vor, die EU solle eine »Euro-Anleihe« begeben.[182] Sie glaubten, dass dadurch die sich drastisch verschärfenden Unterschiede bei den Anleiherenditen der unterschiedlichen Euro-Staaten gedämpft werden könnten. Zwar wurde die Idee erst einmal vom deutschen Finanzminister Peer Steinbrück verworfen, doch ist es wohl nur eine Frage der Zeit, bis in erster Linie deutsche Steuerzahler für die geringere Produktivität der anderen Euro-Staaten über eine solche Euro-Anleihe bezahlen müssen.

---

[180] *Kleine Zeitung*, 2.2.2009.
[181] *Die Welt*, 26.1.2009.
[182] *Financial Times Deutschland*, 21.1.2009.

Deutlich wird an derartigen Vorschlägen, wie hilflos die EU gegenüber der Krise ist. Statt den Euro abzuschaffen und wieder zu nationalen, stabilen Währungen zurückzufinden, meint man die Sache regelrecht aussitzen zu können.

Eine weitere Bedrohung unseres Lebens durch den Euro brachte der US-Ökonom Martin Feldstein ins Gespräch: Niemand wisse sicher, wie es eigentlich um die Steuerhoheit in Europa bestellt sei. Die EU könnte prinzipiell eigene Steuern erheben und damit in erster Linie die produktiven Staaten wie Deutschland und dessen Bürger belasten. Dies würde einer noch erheblich größeren Einkommensumverteilung Tür und Tor öffnen.[183]

Doch schon die Überschuldung allein wird den Euro massiv unter Druck bringen.

---

[183] *Project Syndicate*, 3.12.2009.

Staatsbankrott – die EU vor dem Zerfall

Die sich enorm steigernde Neuverschuldung der Euro-Länder entwickelt sich immer mehr zu einem zusätzlichen Sprengstoff für das ganze Euro-Projekt. Um das Vertrauen der Bevölkerung zu erlangen, wurde 1997 noch der Euro-Stabilitätspakt geschlossen, demzufolge die Neuverschuldung eines Euro-Landes maximal drei Prozent seines Bruttoinlandsprodukts betragen und die Staatsverschuldung insgesamt nicht mehr als 60 Prozent des BIP ausmachen darf.

Schon in der Euro-Einführungsphase wurde gegen diesen Pakt massiv verstoßen, als viele Staaten nur mit buchhalterischen Tricks die Hürden überwinden konnten. Doch seit die Wirtschaftskrise im Jahr 2008 auf ganz Europa durchgeschlagen hat, wachsen die Staatsschulden der Länder ins Uferlose.

So steigt das Haushaltsdefizit in Europa auf fast fünf Prozent der Wirtschaftsleistung, und die EU-Staaten haben kaum noch Finanzmittel, um mit weiteren Bankenrettungs- und Konjunkturpaketen gegen die Wirtschaftskrise anzukämpfen. Für 2010 rechnet die Europäische Zentralbank sogar mit einem noch stärkeren Anstieg der Schulden im Euro-Raum. Mit zehn von 16 Staaten wird sich demnach der Großteil der EU-Staaten nicht an die Schuldenregel halten können. Dabei nimmt die Neuverschuldung in extremem Maße zu: Sie wird von 1,7 Prozent im Jahr 2008 auf fünf Prozent der Wirtschaftsleistung steigen. Traurige Spitzenreiter unter den Neuverschuldeten sind Irland und Italien. Bei Irland rechnet die EZB damit, dass der Staat im Jahr 2010 nahezu ein Viertel seiner jährlichen Wirtschaftsleistung als Neuschulden aufnehmen muss. Bei Italien sieht es noch schlimmer aus: Dort wurden schon Befürchtungen laut, dass mit einer regelrechten Explosion des Gesamt-Schuldenstandes auf 110 Prozent des jährlichen BIP zu rechnen ist. Damit wäre ein Austreten der völlig überschuldeten Länder aus dem Euro möglich.[184]

Und wohin die allerorts permanent steigenden Staatsschulden führen müssen, ist auch klar: in den Staatsbankrott. Da jedoch keine nationalen Währungen mehr vorhanden sind, wird solch ein Staatsbankrott eines Landes sich nicht auf dieses beschränken, sondern auf alle Euro-Nationen auswirken, genauso wie ein stürzender Bergsteiger alle mit am Seil hängenden Freunde mit in den Tod reißt, wenn diese ihn nicht mehr halten können.

Eine drastische Ausbildung von Armutsregionen wird die Folge sein. Und auftretende Unruhe fördert oft die Neigung der Entscheidungsträger, gewaltsame Lösungen durchzusetzen.

---

[184] *Frankfurter Allgemeine Zeitung*, 12.3.2009.

Die kommende EU-Diktatur?

»Im Jahre 1992 bekam ich als erster Zugang zu Geheimdokumen-ten des Politbüros und des Zentralkomitees – Dokumenten, die heu-te immer noch, dreissig Jahre nach ihrer Entstehung, Verschluss-sache sind. Diese Dokumente zeugen klar davon, dass der Plan, Europa von einem blossen gemeinsamen Markt in einen Zentral-staat zu verwandeln, auf einer Vereinbarung zwischen linken euro-päischen Parteien und Moskau basiert.«

Wladimir Bukowski in der Schweizerzeit, 9.3.2007

Die EU als Nachfolger der Sowjetunion?

Wladimir Bukowski, einer der namhaftesten sowjetischen Dissidenten, ver-glich die EU in diesem Zusammenhang mit der ehemaligen Sowjetunion. Er hatte dort viele Jahre als Regimegegner im Gefängnis verbracht und frag-te sich bereits im Jahr 2001, ob Europa auf dem Weg in eine Diktatur sei. Dabei sieht er deutliche Parallelen zwischen der EU und der Sowjetunion, weil beide aus einem Zusammenschluss vielfältiger unterschiedlicher Staa-ten bestünden. Damals wurde die Sowjetunion von etwa 15 Personen re-giert, die nicht direkt gewählt wurden, während an der Spitze der EU etwa zwei Dutzend Leute, welche ebenfalls nicht direkt gewählt werden, die Zü-gel in der Hand hätten. Außerdem hätte in der Sowjetunion zwar theore-tisch jeder Staat aus dem Verbund austreten können – ähnlich der EU heu-te –, wobei es jedoch kein praktisches Verfahren dafür gab. In beiden Fällen sieht Bukowski eine sozialistische Korruption. Beide könnten jeweils nur so lange überleben, wie immer mehr neue Staaten eingegliedert würden. Das sei auch der Grund dafür, warum sich die EU immer mehr vergrößere, ob-wohl das ökonomisch sinnlos sei. Seiner Meinung nach war die Grundidee zur EU ein freier Markt – und kein Staatenverbund mit Abschaffung der Nationalstaaten. Dies änderte sich Bukowski zufolge aber im Jahr 1985: Seiner Meinung nach war geplant, die politische Wende von 1989 vorzutäuschen, um danach die EU gewissermaßen in eine Ersatz-Sowjetunion umzuwandeln, welche den Sozialismus stützen sollte. Dies schlug jedoch fehl, weil die Menschen keine sozialistischen Führer wollten, wodurch die Sowjetunion unterging und das sozialistische »Projekt EU« übrig blieb. Bukowski erwartet nun, dass es bezüglich der EU zum genauen Gegenteil dessen kommt, was offiziell propagiert wird: Es heißt, wir bräuchten die EU, um Streit und Krieg zu verhindern – er erwartet, dass es hingegen genau durch die EU zu Uneinigkeiten kommen wird. Ebenso würden die nationalen Unterschiede nicht etwa überwunden, sondern vielmehr gesteigert. So habe es auch in der Sowjetunion mehr ethnische Konflikte als irgendwo sonst auf der Welt gegeben. Durch die EU würden wir also nicht unabhängiger, sondern zunehmend ärmer, unfähiger, überregulierter und abhängiger von Amerika. Bukowski erwartet außerdem das Aufkommen einer gesamteuropäischen Steuer, um die zunehmenden Kosten der EU zu finanzieren. Das Schlimmste: Die EU führt Bukowski zufolge dazu, dass zahlreiche Grundrechte eingeschränkt werden. Es werde eine europäische Polizei geben – vergleichbar mit dem KGB –, die unglaublich weitreichende Befugnisse erhalten dürfte. Sie könnte gar Immunität besitzen, also selbst nicht rechtlich belangbar sein. Auch für die Bürokraten werde es womöglich unbegrenzte Machtbefugnisse geben, welche es erlauben, jeden zu jeder Zeit ohne richterliche Überprüfung willkürlich zu deportieren. Diese EU werde seiner Meinung nach letztlich zusammenbrechen, was zu wirtschaftlichen Turbulenzen führen und Feindseligkeiten verursachen müsse. Dennoch sieht Bukowski die EU als politisch wesentlich schwächer an als es die Sowjetunion war, da die EU nur von Bürokraten gelenkt werde und nicht von Despoten.[185]

Ob diese These des Regierungskritikers stimmt oder nicht: Interessant sind die Parallelen zwischen der ehemaligen Sowjetunion und der heutigen EU allemal – die man offensichtlich nur noch mit immer mehr Vorschriften und der Abschaffung von Freiheit sowie Grundrechten meint zusammenhalten zu können.

---

[185] *Toko Hagen*, 10.11.2001.

Der tschechische Präsident Václav Klaus

Bestärkt wurden die Thesen Bukowskis auch durch den tschechischen Präsidenten Václav Klaus. Dieser verglich Anfang 2009 in einer Rede vor Abgeordneten in Brüssel die EU mit dem kommunistischen Wirtschaftsverbund Comecon. Die europäische Integration geht ihm zu weit: Brüssel ziehe zu viele Kompetenzen an sich, die EU-Macht werde wichtiger als der Markt. Das heutige Entscheidungssystem in der Europäischen Union sei etwas anderes als das System der klassischen parlamentarischen Demokratie. Im EU-Parlament würde stets nur eine Richtung durchgesetzt. »Und wer über andere Alternativen nachdenkt, wird als Gegner des europäischen Systems angesehen«, sagte Klaus.

Das alles erinnere ihn an die unseligen Zeiten des Sozialismus, wie er erklärte: »Wir haben die bittere Erfahrung gemacht, dass dort, wo es keine Opposition gibt, die Freiheit verkommt.« Und weiter: »Das Europäische Parlament und Brüssel insgesamt sollten viele Kompetenzen zurückgeben an die Nationalstaaten.«

Europa solle sich laut Klaus auf den Binnenmarkt und die gemeinsame Sicherung öffentlicher Güter beschränken. Die Ziele der EU müssten Freiheit und Wohlstand sein, sagt er. Dazu wörtlich: »Es muss offen gesagt werden, dass das heutige wirtschaftliche System der EU ein System des unterdrückten Marktes und der kontinuierlichen Stärkung der zentralen Lenkung der Wirtschaft ist.« Das sei auch die Ursache der Finanz- und Wirtschaftskrise – nicht etwa das Versagen der Märkte, sondern die politische Manipulation des Marktes. Aufgrund dieser Rede verließen 20 linke Politiker aus Protest den Saal.[186] Somit bestätigt der tschechische Präsident die Nähe der EU zum sowjetischen Zentralsystem. Noch bedenklicher wird es, sieht man sich die Vorkommnisse und undemokratische Entstehung des EU-Verfassungsvertrages an.

---

[186] *Frankfurter Allgemeine Zeitung*, 20.2.2009.

»Die Strukturprinzipien des Grundgesetzes, welche die Integration in die Europäische Union nach dessen Artikel 23, Absatz 1 respektieren muss, sind entwertet. In einer solchen Union darf Deutschland nach seiner Verfassung nicht Mitglied sein. ...

Das ist der Versuch eines neuen Ermächtigungsgesetzes. Dass der Vertrag ›in Kriegszeiten oder bei unmittelbarer Kriegsgefahr‹, aber auch, um ›einen Aufruhr oder einen Aufstand rechtmäßig niederzuschlagen‹, die Todesstrafe wieder ermöglicht, ist kaum bekannt. Sonst hätten unsere Abgeordneten sicher nicht mit Begeisterung zugestimmt.«

Professor Karl Albrecht Schachtschneider, Staatsrechtler in der Zeitung *Die Welt*, 28.3.2007

»Für europäische Verhältnisse war das ein Hauruckverfahren: Am Freitagmorgen gegen ein Uhr waren sich die Staats- und Regierungschefs der Europäischen Union in Lissabon über die Inhalte des neuen EU-Vertrags einig und griffen zu den Sektgläsern. Da waren sie gerade einmal sieben Stunden beisammen gesessen, ein gemeinsames Abendessen eingerechnet. Über früheren Vertragsreformen hatten die »Chefs« oft bis zum Morgen gestritten, bis zur völligen Erschöpfung aller Anwesenden.«

Frankfurter Allgemeine Zeitung, 20.10.2007

Der EU-Verfassungsvertrag

Wie wenig demokratisch die EU ist, zeigte sich, als der EU-Verfassungsvertrag 2004 von der EU zentralistisch beschlossen wurde. Die Einführung scheiterte jedoch, weil bei Volksabstimmungen in Frankreich am 29. Mai 2005 und in den Niederlanden am 1. Juni 2005 die EU-Verfassung abgelehnt wurde. Danach wurde das Projekt nicht etwa ad acta gelegt, sondern das Werk etwas abgeändert und in »EU-Reformvertrag«

umbenannt. So sollte es unter anderem Namen einfach durchgezogen werden. Nur in Irland war eine Abstimmung vorgesehen, die ebenfalls scheiterte.

Damit der Vertrag auch wirklich ohne Diskussionen angenommen würde, verzichtete man eigens auf staatsähnliche Symbole wie eine eigene EU-Hymne und Flagge, damit die jeweiligen Landesregierungen ihrer potenziell europa-skeptischen Bevölkerung sagen konnten, es handle sich um eine »normale« Vertragsanpassung. Auch hatte die irische Regierung vorsorglich versprochen, alles zu tun, um ihre Öffentlichkeit für den Vertrag zu gewinnen.[187]

Trotzdem wurde dieses Vertragswerk in Irland abgelehnt.

Ganz abgesehen davon, dass eine Verfassung nur dann eingesetzt werden darf, wenn auch die ganze EU-Bevölkerung abstimmen darf, müsste unter demokratischen Regeln solch ein Werk nun nach zwei gescheiterten Anläufen endgültig eingestellt werden. Doch schon einen Tag nach der Niederlage in Irland forderten Politiker, man solle die Entscheidung in Dublin ignorieren. Alternativ wurde vorgeschlagen, für Irland einfach Sonderregeln zu machen und den Vertrag dann im übrigen Europa wie geplant einzusetzen.

Richtig brisant wird es, wenn man diesen »Reformvertrag« einmal näher unter die Lupe nimmt. Erst dann wird deutlich, wie wenig dieser Vertrag mit einer Demokratie oder einem Rechtsstaat zu tun hat. Selbst Bundeskanzlerin Angela Merkel musste einräumen: »Der Vertrag, wie er jetzt unterzeichnet wird, ist ein Maximum an Unverständlichkeit.«[188]

Schon im Vorfeld hatte der italienische Präsident Giorgio Napolitano während einer Nachrichtenkonferenz in Siena gesagt: »Jene, die anti-EU sind, sind Terroristen.« Und: »Es ist psychologischer Terrorismus, das Spektrum eines europäischen Superstaats zu unterstellen.« Nicht viel besser war der deutsche Bundespräsident Horst Köhler, der Aufklä-

---

[187] *Frankfurter Allgemeine Zeitung*, 20.10.2007.
[188] *Der Standard*, 6.12.2007.

rungsmaßnahmen von Euro-Skeptikern als »populistische, demagogische Kampagnen« bezeichnete.[189]

Zu allem Überfluss konnte in Europa über den Vertrag schon deshalb nicht demokratisch diskutiert werden, weil dieser nicht veröffentlicht werden durfte. Der Europäische Rat hatte nämlich beschlossen: »... dass keine Institution in der Europäischen Union die Erlaubnis erhält, eine konsolidierte und lesbare Version des EU-Reformvertrags zu drucken oder zu publizieren, bevor nicht alle 27 Mitgliedsstaaten diesem Vertragswerk zugestimmt haben.« Mit anderen Worten: Es wurde in Europa über etwas abgestimmt, was niemand kannte.

Zudem erinnern einige sehr fragwürdige Regeln im Vertrag mehr an die Sowjetunion als an einen demokratischen Staatenbund, worauf unter anderem die Ökologisch Demokratische Partei hinwies:

➤ Europäisches Recht hat die absolute Priorität. Nicht einmal die UN-Menschenrechtscharta oder andere internationale Vereinbarungen sollen ihr übergeordnet sein. Das deutsche Grundgesetz und die darin verankerten Rechte deutscher Staatsbürger gelten damit nur noch eingeschränkt und nur so lange, wie sie nicht mit europäischem Recht kollidieren.

Damit wird also das Grundgesetz ausgehebelt, was an sich schon verfassungsfeindlich ist.

➤ Die Regierungschefs der europäischen Länder (Europäischer Rat) werden ermächtigt, den Vertrag einfach per Beschluss und nach Belieben zu ändern (»eine Änderung aller oder eines Teils der Bestimmungen [...] über die Arbeitsweise der EU«) Das Europäische Parlament wird zwar angehört, entscheidet aber nicht mit.

Es wird somit über etwas abgestimmt, was jederzeit nach Belieben wieder geändert werden kann, ohne dass eine weitere Abstimmung erforderlich wäre.

---

[189] *Infowar Wordpress*, 4.7.2007.

Was rechtmäßig ist, kann damit jederzeit kurzfristig per Beschluss der Regierungsoberhäupter geändert werden.

➤ Die Todesstrafe wird wieder eingeführt – im Kriegsfall und bei »unmittelbarer Kriegsgefahr«. Wann das der Fall ist und was »Kriegsgefahr« heißt, ist nicht genau definiert.

➤ Auch bei »Auflauf und Aufruhr« ist Tötung zum Zwecke der »rechtmäßigen Niederschlagung« erlaubt.

➤ Jedes Land der EU ist zur Aufrüstung verpflichtet.

➤ Die EU-Armee wird »fest installiert«, also in allen EU-Ländern stationiert. Sie darf im Inneren eingesetzt werden, auch gegen EU-Bürger.

➤ Zur »Konfliktverhütung« und »Krisenbewältigung« erlaubt der Vertrag von Lissabon militärische Aktionen. Auch zur »Wahrung der Werte der Union und im Dienste ihrer Interessen«, zum Beispiel zur Sicherung von Ölquellen, kann eine militärische »Mission« durchgeführt werden. Das EU-Parlament hat darüber wieder keine Entscheidungsgewalt.

➤ Sowohl die militärische als auch die politische Leitung soll künftig ein Komitee der EU übernehmen, das nicht demokratisch gewählt ist. Das EU-Parlament muss allenfalls über die Aktionen informiert werden.

➤ Die Außen- und Sicherheitspolitik kann von keinem Gericht überprüft werden.

➤ »Ältere Menschen« haben das Recht auf Teilnahme am sozialen und kulturellen Leben – nicht aber am politischen. Das impliziert zum Beispiel die Möglichkeit, ihnen das Wahlrecht zu entziehen.

➤ Mit einem europäischen Haftbefehl entsteht die Situation, dass man ins europäische Ausland ausgeliefert werden kann, auch wenn die Tat im eigenen Land nicht strafbar ist. Der einzelne Staat hat also keine Möglichkeit mehr, seine Bürger innerhalb der EU zu schützen.

Alles in allem eine sehr bedenkliche Entwicklung in Europa, welche die Thesen Bukowskis in einem realistischen Licht erscheinen lässt.

Das Bürokratiemonstrum EU knebelt den Bürger

Insgesamt entwickelt sich die EU immer mehr zu einem regelrechten Bürokratiemonster, in dem Entscheidungen nur noch in einem kleinen Kreis, ohne direkte demokratische Kontrolle gefällt werden.

Kaum bekannt ist, dass bereits heute der Großteil unserer Gesetze nicht mehr im nationalen Parlament, sondern in der EU-Kommission vorgegeben werden: Laut einer Erhebung des Justizministeriums entstanden im Jahr 2008 sage und schreibe 84 Prozent der in Deutschland verabschiedeten Gesetze auf Grund von Verordnungen der Europäischen Kommission. Zwei prominente Beispiele sind das Rauchverbot und die ausgeweitete Vorratsdatenspeicherung. Gerade diese Gesetze wurden gegen die Mehrheit der deutschen Bevölkerung verabschiedet.[190]

Zwei weitere Beispiele für unsinnige Regelungen, die ohne demokratische Legitimierung den Völkern aufgezwungen werden, sind die Feinstaubverordnung und die EU-Wasserverordnung.

Unsinnige Feinstaubregelung

Wie sehr sich die EU schon jetzt in nationale Belange einmischt und damit die Freiheit der Bürger einengt, zeigte sich beispielsweise, als im Jahr 2005 die sogenannte Feinstaubregelung erlassen wurde.

Dabei wurden die Grenzwerte so unrealistisch niedrig angesetzt, dass praktisch jede größere Stadt sie überschreiten muss. Der Großteil des Feinstaubs stammt jedoch – mit fast 42 Prozent – aus Industrieanlagen, 25 Prozent stammen aus Heizungen und Kraftwerken, und nur knapp 25 Prozent werden vom Verkehr verursacht. Beim Verkehr wird Feinstaub wiederum zum Großteil über Reifenabrieb oder Aufwirbelung von Straßenstaub erzeugt – nur ein sehr kleiner Teil stammt hingegen direkt aus dem Auspuff. Doch statt die Quellen des Umweltproblems direkt anzugehen und bei-

---

[190] *Newropeans Magazin*, 9.4.2009.

spielsweise die Industrie und Kraftwerke in die Pflicht zu nehmen, verhängte die EU Vertragsstrafen für alle Länder und Städte, die keine Maßnahmen gegen den Autoverkehr – die geringste Ursache für den Missstand – ergriffen.

Die Städte hatten nun nichts besseres zu tun als »Umweltzonen« einzurichten, in die nur noch neuere Fahrzeuge fahren dürfen. Dass Feinstaub jedoch zum Großteil gerade durch neue Fahrzeuge emittiert wird, während ältere Dieselautos eher groben Ruß ausstoßen, hielt die Verantwortlichen nicht davon ab, diesen EU-Unsinn durchzusetzen. Immerhin freut sich die Autoindustrie, wenn ein Teil ihrer jahrelangen Überproduktion abgebaut wird, weil sich nun einige Stadtbewohner neue Fahrzeuge kaufen müssen.

Doch damit hat die EU-Knebelung der Bürger erst begonnen.

EU-Wasserverordnung

Im Jahr 2007 sprach sich die EU-Kommission für eine »verbesserte Preispolitik« im Bereich der Wasserversorgung aus. »Der Grundsatz, dass der Verbraucher zahlt, sollte zur Regel werden, egal woher das Wasser stammt«, forderte die EU-Behörde. Was sich harmlos anhört, bedeutet, dass jede Wasserverwendung grundsätzlich gebührenpflichtig ist. Selbst wenn ein Landwirt nur Wasser aus einem Bach entnimmt, ist er damit schon zur Geldzahlung verpflichtet. Sollten Staaten der Landwirtschaft weiterhin kostenlos Wasser zur Bewässerung zur Verfügung stellen, wären EU-Vertragsverletzungsverfahren »eine Option«, die es der Kommission erlauben würde, ganze Nationen unter Druck zu setzen.[191]

Allein anhand dieser beiden Beispiele wird schon deutlich, wie sich die EU-Bürokratie immer mehr in private Belange einmischt und dabei der Bürger durch demokratische Wahlen solches Unheil nicht mehr abwenden kann.

---

[191] *Tirol.com*, 19.7.2007.

Dazu kommt, dass eine Euro-Krise sehr schnell dazu führen könnte, dass Bargeld als Ganzes abgeschafft wird und damit das »EU-Monster« noch mehr Kontrolle über den einzelnen Bürger erlangt.

Quelle: Manfred Wenzel, Köln

Karikatur 6

*»Wir beschließen etwas, stellen das dann in den Raum und war-
ten einige Zeit ab, was passiert. Wenn es dann kein großes Geschrei
und keine Aufstände gibt, weil die meisten gar nicht begreifen,
was da beschlossen wurde, dann machen wir weiter – Schritt für
Schritt, bis es kein Zurück mehr gibt.«*

Jean-Claude Juncker, Ministerpräsident von Luxemburg zur de-
mokratiepolitischen Lage in der EU[192]

Kreditkarten und Buchgeld – der Weg zu
Überwachungsstaat und perfekter Diktatur

Schon heute wird in Politik und Wirtschaft zunehmend die Forderung
nach elektronischem Geld oder einer Kartenwährung laut. Dieses Zahlungsmittel wird dabei immer als besonders modern dargestellt, während
die herkömmlichen Scheine und Münzen als altmodisch und unbequem
verunglimpft werden. Hier stellt sich die Frage, ob diese Annahme be-
rechtigt ist und ob Kartengeld wirklich einen Fortschritt oder vielleicht
eher eine Gefahr darstellt.

Unsichere Funktion

Welche herausragende Bedeutung Bargeld hat, haben Sie vielleicht schon
erlebt, wenn Ihr Bankautomat defekt oder Ihre Geldauszahlung am Schal-
ter gesperrt war, weil der Computer keine Verbindung zum Zentralrech-
ner hatte. Vor Jahren war einmal das gesamte Zahlungssystem der Deutschen Bank durch einen Computerfehler lahmgelegt. Dadurch konnten
vorübergehend 35 Milliarden Euro an Verpflichtungen nicht erfüllt werden.[193] Schnell hätten sich, allein durch diesen einzigen Ausfall, Liqui-
ditätsengpässe mit Bankenpleiten entwickeln können. In solch einem

---

[192] *Inter Info*, Feb. 2005.
[193] *Frankfurter Allgemeine Zeitung*, 17.1.2000.

Fall könnten Sie weder Überweisungen vornehmen noch über Ihr Vermögen verfügen. Dann würde jedem der Unterschied zwischen echtem Geld und daraus entstandenen Geldforderungen ins Auge springen. Die Losung würde wieder lauten: »Nur Bares ist Wahres.« Schon an dieser Stelle wird deutlich, dass die Geldforderungen immer ein Zahlungsmittel zweiter Klasse darstellen und erheblichen Risiken ausgesetzt sind. Alle Arten von Chipgeld, Netzgeld oder insgesamt Buchgeld sind immer mehr oder weniger fehleranfällig. Was wäre, wenn plötzlich der Strom ausfiele oder ein Computervirus das Netz lahmlegte? Dann wären keine Zahlungen möglich, nur weil man sich auf ein angeblich modernes Zahlungsmittel verlassen hätte.

Wer garantiert überhaupt für die Sicherheit des bargeldlosen Verkehrs? Wie sehr wir uns mit dem ganzen Chipgeld, welches auf das Funktionieren der Computer angewiesen ist, in Abhängigkeit und Gefahr bringen und wie leicht sich hier unser ganzes Vermögen zerstören lässt, zeigte ein Beitrag des Terrorismusforschers Walter Laqueur. Er wies dabei auf die Risiken einer verkomplizierten Gesellschaft im Falle terroristischer Anschläge hin: Wenn es Terroristen gelänge, »wichtige Zentralen oder Schaltstellen unserer sich immer komplizierter und vernetzter entwickelnden Computersysteme zu blockieren oder gar zu zerstören, dann könnte dadurch für Tage, Wochen oder schlimmstenfalls Monate das Leben unserer Gesellschaft völlig paralysiert werden.« Er verwies auch auf Erfahrungen aus der Vergangenheit: »Leider gibt es in der Geschichte ein Gesetz, dass alles, was sich am Horizont menschlichen Denkens als Möglichkeit herausbildet, eines Tages auch in die Praxis umgesetzt wird.« Dabei sei für die Zerstörung eines Landes nicht viel Aufwand nötig: »Was man braucht, sind vier, fünf oder höchstens sechs Personen mit technischen Kenntnissen und etwas Kapital zur Anschaffung der entsprechenden Materialien und Geräte, und schon lässt sich Terror ganz ohne besonders ausgefeilte konspirative Strukturen organisieren.«[194] In die gleiche Richtung deutet eine Studie des Center for Strategic and International Studies (CSIS), die zum Ergebnis kam, dass die USA durch Zerstörung des Computernetzes (und damit der Zahlungsvorgänge) von zehn exzellenten Hackern und mit zehn Millionen Dollar in die

---

[194] *Die Welt*, 29.9.1997.

Knie gezwungen werden könnten.[195] Würde dieser Schlag noch umfassender geführt, könnte mit einem Mal die ganze Weltwirtschaft zerstört werden. Aus diesem Grund sollte man besser die Finger von solchen »modernen Zahlungsmitteln« lassen. Doch noch viel schwerwiegender ist die Gefahr, dass unsere Freiheit durch solch ein Geld völlig verloren gehen wird.

Verlust der Freiheit

Das Risiko besteht darin, dass alle elektronischen Zahlungsvorgänge kontrolliert und überwacht werden können. Es kann jederzeit, auch im Nachhinein, festgestellt werden, wer wann wo was für welchen Betrag gekauft hat. Damit lassen sich zutreffende Nutzerprofile erstellen, mit denen der Einzelne genau kontrolliert werden kann. Auch besteht die Möglichkeit, das Konto systemkritischer Personen jederzeit zu sperren und so Druck auf die freie Meinungsäußerung auszuüben. Weltweit sind verstärkte Bestrebungen im Gange, Bargeld durch bargeldlose Systeme zu ersetzen. Besonders kritisch ist dabei die Verwendung von EC- und Kreditkarten anzusehen, weil damit alle Kaufvorgänge zentral gespeichert werden, womit der Kunde einer totalen Überwachung unterliegt. Man setzt zuerst auf kräftige Werbung, um das »moderne Zahlungsmittel« im Volk beliebt zu machen. Mit Erfolg: Ende 1999 verfügte im Durchschnitt praktisch jeder Einwohner der Bundesrepublik über eine EC-Karte oder eine Karte mit Zahlungsmittelfunktion. Innerhalb eines Jahres nahm die Verwendung solcher Karten um 19 Prozent zu.[196] Eine weitere Anstrengung, um die Bürger von der Chipkarte zu überzeugen, geht in Richtung Jugendschutz. Mit dem Vorwand, den Zigarettenkauf von Jugendlichen einzuschränken, wollen die Mitglieder der Nichtraucherschutzinitiative im Bundestag die Zigarettenindustrie im Bundestag zwingen, ihre Automaten auf ein neues, bargeldloses System umzustellen. Denkbar sei dabei die Einführung spezieller Chip-Karten oder der Einsatz von EC- und Kreditkarten.[197] Kaum ein Bundesbürger scheint sich allerdings Gedanken darüber zu machen, welche Macht er den Banken mit der Verwendung von EC-, Chip- oder

---

[195] *Inter Info*, 2/2000.
[196] *Süddeutsche Zeitung*, 16.3.2000.
[197] *Augsburger Allgemeine Zeitung*, 29.1.2000.

Kreditkarten einräumt. Der Bundesbeauftragte für Datenschutz, Joachim Jacob, wies bereits darauf hin, dass auch aufladbare Geldkarten die systematische Überwachung der Personen ermöglichen. Der Benutzer lege Datenspuren über Zeit, Ort und ausgegebenen Betrag. Die Daten würden jahrelang gespeichert, und auf Knopfdruck könnten von jedem Kartennutzer exakte Verhaltens- und Kaufprofile erstellt werden.[198] Die Datenspuren könnten auch noch andere Probleme hervorrufen: Wer zum Beispiel regelmäßig in einer Edelboutique einkaufe oder in einer Luxusherberge übernachte, die von der Mafia als Geldwäscheanlage benutzt werde, könne schnell als Verdächtiger im Polizeiapparat registriert werden.[199]

Überwachung gefährdet jeden

Viele Zeitgenossen verfallen dabei der Annahme, dass, wer nichts auf dem Kerbholz habe, sich nicht vor Überwachung fürchten müsse. Dies ist jedoch ein gefährlicher Trugschluss: Wer definiert denn, was als staatsfeindlich gilt und was nicht? Es sind genau dieselben Personen, die auch das Überwachungsnetz betreiben. Was ist, wenn die Lebensumstände so drückend werden sollten, dass dann Gesetze erlassen werden, welche vorschreiben, dass jeder seinen letzten Besitz an den überschuldeten Staat abgeben muss? Dann gilt jeder als staatsfeindlich und kriminell, der den Anweisungen nicht nachkommt, also nicht für die Bedienung der Schulden zu sterben bereit ist. Wer sagt denn, dass der Begriff »Kriminalität« immer so gefasst sein wird wie heute? Vielleicht wird jeder einmal zur Zwangsarbeit verurteilt, um die Verzinsung der Schulden sicherzustellen, und Flucht ist dann nicht mehr möglich. Was wäre, wenn beispielsweise die Mafia durch ihren großen Reichtum in die Macht des Überwachungsnetzes käme und jeder »Schutzgeld« abführen müsste? Eine Erfahrung aus der Geschichte lehrt, dass alles, was sich missbrauchen lässt, auch irgendwann von irgendjemandem irgendwie missbraucht werden wird. Ein Zurück gibt es dann nicht mehr, da diese Macht, die Herrschaft über jeden einzelnen Menschen zu jeder Zeit an jedem Ort, eine absolute ist. Es

---

[198] *Augsburger Allgemeine Zeitung*, 9.3.1998.
[199] *Augsburger Allgemeine Zeitung*, 1.4.1998

stimmt sehr bedenklich, dass der Gebrauch von Bargeld zunehmend eingeschränkt wird. Frankreich führte beispielsweise unter dem Vorwand, die Geldwäsche zu bekämpfen, im Mai 2000 ein Gesetz ein, wonach Barzahlungen für Geschäftsleute nur noch bis 750 Euro und für Privatleute nur noch bis 3.000 Euro zulässig sein sollen.[200] Die Entwicklung zum Überwachungsstaat, mit der Grundlage bargeldlose Währung, ist also sehr gefährlich und kann ganz schnell in einer perfekten Diktatur enden, gegen die kein Widerstand mehr möglich ist.

Bargeldlose Systeme sind abzulehnen

Eine wichtige Forderung an eine künftige stabile Währung ist deshalb die Anonymität. Bargeld stellt hier die bisher einzig praktikable Form eines Geldes dar, welches sowohl sicher funktioniert als auch die Freiheit des Einzelnen garantiert. Aus diesem Grund sind alle scheinbar alternativen Zahlungssysteme abzulehnen, die auf Buchgeld basieren. Bargeldloser Zahlungsverkehr erleichtert zwar manches, absolute Abschaffung von Barem ist jedoch sehr gefährlich. Möchten Sie in einem Land leben, in dem Sie ständig kontrolliert werden und in dem Ihr Konto gesperrt wird, sobald Sie Ihr Recht auf freie Meinungsäußerung wahrnehmen? Daneben wäre dieses System so anfällig, dass schon jede kleinere Unregelmäßigkeit im Computernetz bereits die gesamte Wirtschaft und ihr Vermögen gefährden würde. Wollen Sie das, nur um eines angeblich »modernen Zahlungsmittels« willen? Bargeld ist Freiheit – reines Buchgeld bedeutet Unterdrückungsstaat und Kontrolle! Zwangsläufig entstehende Probleme beim Euro würden hier unter Umständen den Weg bereiten, das Bargeld ganz abzuschaffen, mit unabsehbaren Folgen für jeden einzelnen Bürger. Angesichts der eindeutigen Gefahren, die der Euro ohnehin bringt, stellt sich die Frage, wie stark die Einheitswährung unseren gesamten Lebensstandard gefährdet.

---

[200] *Euro - Zeitung*, 21.5.2000.

Der Euro – Gefahr für unseren Lebensstandard

Für Ihr Vermögen stellt der Euro ein nicht zu unterschätzendes Risiko dar. Wie bereits beschrieben, besteht die Gefahr in der unterschiedlichen wirtschaftlichen Entwicklung der Staaten in der Euro-Zone. Und besonders in einem krisenhaften Umfeld könnte die Euro-Region zerbrechen. Schon bevor der Euro überhaupt etabliert wurde, wurde gegen einzelne europäische Währungen wie die Lira, die Peseta und die Finnmark spekuliert, beispielsweise nach Beginn der Russlandkrise. Die Notenbanken mussten mit Hilfe von befreundeten Geschäftsbanken intervenieren.[201] Was früher jedoch über Wechselkurse ausgeglichen werden konnte, das ist nun durch die Einheitswährung nicht mehr möglich, weswegen die schon vorhandenen Spannungen noch größer werden. Viele Bürger sind sich dabei gar nicht bewusst, dass durch diese ökonomischen Fehlentwicklungen das eigene Vermögen in Gefahr kommt.

So erklärte die EZB, der Euro mache die Banken empfindlicher gegenüber Schocks durch andere Länder. Besonders das riesige Volumen von ungesicherten Finanzkontrakten der Banken untereinander in Höhe von 400 Milliarden Euro sei ein großes Risiko. Hinzu komme, dass immer größere Banken immer höhere Summen umschlagen.[202] Durch den Euro nimmt die Sicherheit Ihres Ersparten damit – entgegen den Versprechen der Euro-Befürworter – zusehends ab. Der Ausfall einer Großbank könnte eine Bankenpleitewelle hervorrufen, in der Sie Ihr gesamtes Geld verlieren.

Doch auch wenn keine Wirtschaftskrise das Vermögen direkt bedroht, wird der Euro zu einer deutlichen Absenkung des gewohnten Lebensstan-

---

[201] *Frankfurter Allgemeine Zeitung*, 31.8.1998.
[202] *Süddeutsche Zeitung*, 23.4.2000.

dards führen. Die Bürger werden in Deutschland dann gleich von zwei Seiten belastet: einmal durch hohe Transferleistungen und zum anderen durch Zuwanderung von Arbeitskräften aus den schwächeren Regionen. Mit diesen billigen Arbeitskräften muss die einheimische Bevölkerung konkurrieren, mit der Folge drastischer Lohneinbußen. Dadurch wird die Fremdenfeindlichkeit enorm auflodern, was durch die hohen Steuerlasten für Transferleistungen noch verstärkt wird. Die Internationale Arbeitsorganisation (ILO) zeigte in einer Studie aus dem Jahr 2000, dass die zunehmende Verkettung ungleichartiger Staaten in der Globalisierung nicht zu einer Ab- sondern einer Zunahme der Migrationsströme führen muss, weil der Kapitalzufluss in die schwachen Regionen nicht ausreicht, um genügend Arbeitsplätze und entsprechenden Wohlstand zu schaffen.[203] Außerdem wird die Vorherrschaft des Geldes durch ungedämpften Kapitaltransfer vergrößert, wodurch sich die Vermögenskonzentration in Europa noch beschleunigt. Ein Absinken des Lebensstandards und eine weitreichende Verarmung der Bevölkerung sind unvermeidlich. Auch der Chefvolkswirt der Europäischen Zentralbank, Otmar Issing, erklärte bereits, dass bei Wegfall der Wechselkurse die Anpassung einzelner Länder an veränderte wirtschaftliche Umstände durch die Löhne geschehen müsse, das heißt, diese gegebenenfalls sinken werden. Angesichts der Rufe nach einer Transferunion bestünde auch die Möglichkeit, dass die gesamte Währungsunion – vielleicht erst Jahre später – auf dem Spiel stehen könnte.[204] Absicherungsmaßnahmen für das Vermögen sind deshalb unerlässlich.

---

[203] *Süddeutsche Zeitung*, 2.3.2000.
[204] Deutsche Bundesbank/Auszüge aus Presseartikeln, Handelsblatt 15.8.1997.

Die Goldwährung – der katastrophale Nachfolger des Euro?

Immer mehr besteht auch die Gefahr, dass es im Zuge einer weltweiten Finanzkrise – und damit eines Euro-Zerfalls – zu einem eigentlich überwunden geglaubten Währungsmodell zurückkommen könnte: dem Goldstandard. Alternativ wäre eine Währung mit Goldmünzen denkbar. Beides ist jedoch gleich ungeeignet und wird im weiteren als Goldgeld bezeichnet. Je mehr das Vertrauen in die Währungen erschüttert wird, um so mehr wollen viele Leute wieder eine vermeintlich »stabile« Goldwährung und tauschen damit den Teufel nur gegen den Beelzebub.

Thorsten Polleit, Chefvolkswirt von Barclays Capital, schlug beispielsweise solch eine Maßnahme vor, um die Probleme zu lösen. Auf den ersten Blick wirkt eine Goldwährung insofern gut, als Gold für »Stabilität« steht und viele Menschen von dem Wert des Goldes überzeugt sind, nach dem Motto: »Dann hat Geld endlich wieder einen Wert«, oder: »Meine Großmutter hat schon gesagt: Gold ist immer etwas wert.« Kaum bekannt ist den meisten hingegen, dass eine Währung auf Goldbasis noch viel instabiler und schlimmer wäre als das heutige Papier-Geldsystem.

Denn die Probleme bei einem weltweiten Goldstandard sind nahezu dieselben wie beim Euro: Es werden Wechselkurspuffer beseitigt, und alle Länder verlieren ihren Anpassungsmechanismus. Dadurch entstehen Spannungen, die das System letztlich zum Einsturz bringen. Doch schon die Argumente für eine Goldwährung sind falsch.

Massive Verschuldung trotz Goldstandard

Heute wird behauptet, mit einer Goldwährung gäbe es keine Staatsverschuldung mehr. Wie die Geschichte jedoch zeigt, waren gerade zur Zeit des Goldstandards die größten Exzesse bei der Schuldenaufnahme zu beobachten (siehe Abbildung 13).

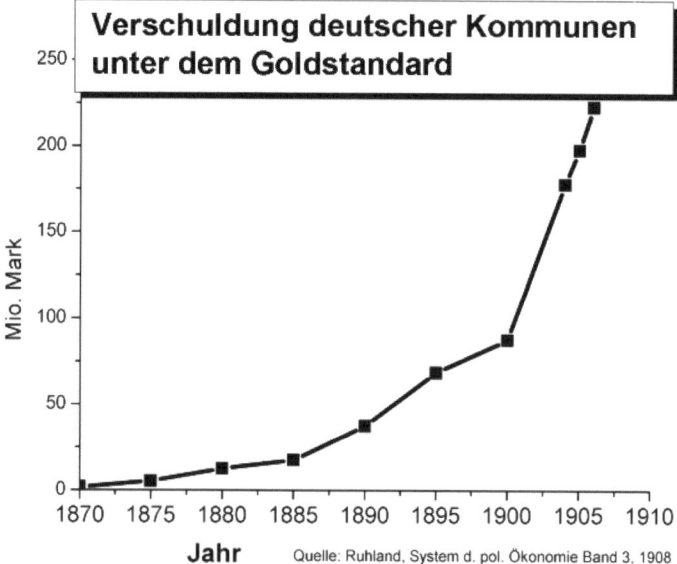

Abb. 13: Massive Ausweitung der Kommunalschulden zur Zeit des Goldstandards

Ein Goldstandard bremst keineswegs die staatliche Schuldenaufnahme. Es werden dann eben Papier-Schulden lautend auf Gold gemacht. Ebenso kann ein Goldstandard keinen Krieg verhindern, wie ebenfalls fortwährend behauptet wird.

Im Gegenteil: Der Goldstandard von 1873 legte durch die massive Verarmung der Bevölkerung überhaupt erst den Grundstein für den Ersten Weltkrieg, ebenso wie der Goldstandard von 1924 die Weltwirtschaftskrise verursachte und letztlich zum Zweiten Weltkrieg führte.

Goldgeld bedeutet: Kein Gold = kein Geld = Armut

Die Goldwährung und der Goldstandard lösen keine Probleme, sondern schaffen nur neue. Die Probleme beginnen damit, dass die meisten Länder weltweit überhaupt kein oder nur sehr wenig Gold besitzen. Egal, ob Goldwährung oder Goldstandard, die meisten Länder der Welt wären dann gezwungen, sich Gold von den wenigen Groß-Goldbesitzern der Welt zu deren Bedingungen und entsprechend hohen Zinsen zu leihen, um einen entsprechenden Gegenwert für ihr Geld zu haben. Selbstverständlich müssten diese Summen ständig und in immer höherem Maße »bedient« werden. Alles, was wir heute an Belastungen durch den Zinsmechanismus haben, würde sich sogar noch weiter verstärken, weil die Beschaffung des Goldes noch zusätzlich finanziert werden müsste.

Heute kann ein verarmter Staat wie Bangladesh durch Papiergeld mit wenig Aufwand ein eigenes Geld schaffen, das den Warenaustausch im Land sicherstellt. Was sollen diese Nationen machen, wenn sie Gold dafür benötigen?

Eine noch größere Verarmung auf der Welt wäre die logische Folge. Nicht umsonst waren die Zeiten der Goldwährungen auch immer die Zeit, in der die Massenarmut am größten war. Es waren die Epochen mit Kinderarbeit, 16-stündigem Arbeitstag, niedrigen Löhnen und Elend.

Doch die Reihe der Probleme geht noch weiter.

Goldgeld bedeutet: Kein Währungspuffer mehr zwischen den Staaten

Wenn alle Länder am Gold hängen und die Währungen fix an eine Goldmenge gekoppelt wurden, ist keine angepasste Währungspolitik mehr möglich – alles hängt dann am Goldpreis. Die schwächeren Länder bluten dabei regelrecht aus. Die Resultate lassen sich anhand der Finanzkrisen der letzten Jahre studieren: Egal, ob Asien-, Russland- oder Argentinienkrise – die Probleme begannen mit fehlenden Wechselkurspuffern.

Unterschiedliche Länder brauchen unterschiedlich angepasste Währungen, ohne an der Goldkette zu hängen.

Das wohl größte Problem unserer Zeit, das Geld vom Zins zu trennen, wird mit einem neuen Goldstandard unmöglich.

Goldgeld ist immer eine Form von Zinsgeld

Das Problem beim Zinsgeld ist, dass es exponentiell die Schulden vermehrt. Zuletzt müssen Schulden gemacht werden, nur um die Kapitalkosten zahlen zu können. Goldgeld ist jedoch keinesfalls eine bessere Lösung, denn es ist ebenfalls immer eine Form von Zinsgeld. Wer erkannt hat, dass jedes Zinssystem rein mathematisch in den Abgrund führt, muss auch einsehen, dass Gold ebenso wenig eine Lösung ist. Gold lässt sich beliebig lange horten und verdirbt nicht, deshalb wird niemand es ohne eine »Belohnung« freiwillig zinsfrei verleihen.

Beispiel: Ein Geschäftsmann braucht einen Kredit, um nötige Maschinen etc. zu kaufen. Also geht er zum reichen Goldgeld-Besitzer und leiht sich 1.000 Goldtaler. Dieser verlangt »selbstverständlich« einen deftigen Zins, weil er weiß, dass sein Gold noch lange in seinem Tresor bleiben kann, der Unternehmer jedoch auf glühenden Kohlen sitzt und das Geld dringend braucht. Deshalb kann der Goldgeld-Inhaber einen Zins erpressen – leistungslos, versteht sich.

Nach diesem Schema läuft das ganze Gold-Geld-System ab, womit sich immer höhere Gold-Forderungen aufbauen, ganz entsprechend der Zinseszinsrechnung. Das System scheitert genauso wie unser heutiges – nur mit dem nicht unwesentlichen Unterschied, dass man Papiergeld wenigstens noch nachdrucken und so das System länger aufrecht erhalten kann, während bei einer Gold gedeckten Währung alle ganz schnell bankrott sind – mit Ausnahme des reichen Gold-Geld-Besitzers.

Nochmals: Goldgeld ist IMMER eine Form von Zinsgeld, weil niemand Gold ohne Zins herausgibt. Demgegenüber lässt sich Papiergeld so gestalten, dass es freiwillig auch zinsfrei weitergegeben wird und damit stabil ist. Gerade die Unvergänglichkeit und damit beliebige Hortbarkeit von Gold führt dazu, dass sich die Goldwährung sofort dem Umlauf entzieht, sobald die Verzinsung des Kapitals sinkt.

Entsprechend schneller noch als heute schon werden die Reichen reicher, die Armen ärmer. Auch für die Wirtschaft als ganzes ist Goldgeld alles andere als vorteilhaft.

Keine flexible Anpassung an die Wirtschaft möglich

In einer stabilen Wirtschaft muss die umlaufende Geldmenge parallel zur steigenden Wirtschaftsleistung zunehmen, da mehr erzeugte Waren auch gleichzeitig mehr Tauschmittel dafür benötigen. Goldgeld lässt sich demgegenüber einer sich ändernden Wirtschaftsleistung nicht flexibel anpassen, da die Goldförderung sich nicht einfach der Wirtschaftsleistung entsprechend erhöhen lässt. Das bedeutet, dass womöglich die Wirtschaft wachsen würde, nicht jedoch die entsprechende Geldmenge. Damit würde Geld relativ zu den Waren seltener und damit wertvoller – die Preise würden fallen, es gäbe eine Deflation. Eine einmal in Gang gekommene Deflation ließe sich aber nicht mehr stoppen, denn es entstünde ein Teufelskreis aus fallenden Preisen, rückläufigen Unternehmensgewinnen, Firmenpleiten, Arbeitslosigkeit, sinkender Kaufkraft, weiter einbrechenden Unternehmensgewinnen …. Am Ende müsste eine Deflation zur Wirtschaftskrise führen und letztlich zum Krieg um Gold. Das war auch der Grund für die fast vollständige Ausrottung der Indianer auf dem amerikanischen Kontinent: Vor allem die Spanier wollten das Gold der Inkas und Azteken für die eigene Geldherstellung erbeuten.

Wie sagte Pythagoras, der griechische Philosoph und Mathematiker schon im 6. Jahrhundert vor Christus: »Ehret Lykurg, denn er ächtete das Gold, die Ursache aller Verbrechen!« Lykurg, ein antiker König der Spartaner, ließ erstmals mit Erfolg Geld aus Eisen machen.

Machtproblem und Gold-Diktatur

Sollte der Geldwert weltweit an Gold gekettet werden, bekämen die wenigen großen Goldproduzenten und -besitzer eine ungeheure Macht. Ihnen bliebe es dann überlassen, die Weltwirtschaft aufblühen oder untergehen zu lassen, je nachdem, wie sie die Goldmenge oder den Goldpreis manipulieren. Das Goldgeld würde dabei ganz schnell in eine neue Form von Diktatur führen: die Herrschaft der Goldknute.

Extreme Nachteile einer Goldwährung

Mindestens fünf wesentliche Nachteile sprechen gegen eine Goldwährung:

1. Gefahr einer Deflation, weil das Gold, das als Währungsdeckung benötigt wird, durch Hortung dem Markt entzogen wird und sich nicht einfach beliebig neue Goldquellen erschließen lassen – mit einer Goldwährung ist damit kein Wirtschaftswachstum möglich.
2. Sobald auch nur der geringste Anschein einer Krise kommt (wie beispielsweise nach dem Terroranschlag in New York vom 11.9.2001), zieht sich das Goldgeld sofort vom Markt zurück, und die Wirtschaft taumelt in eine sich selbst verstärkende Deflationsspirale, ohne dass irgend jemand etwas dagegen machen könnte.
3. Schwache Länder bluten aus, da sie sich kein Gold leisten können beziehungsweise keines besitzen. Ohne ausgleichende Wechselkurspuffer fließt das Kapital jedoch immer von den schwachen in die starken Länder.
4. Weil es keine Ausgleichsmechanismen zwischen den unterschiedlichen Ländern mehr gibt, wird alles über einen »Gold-Kamm« geschoren.
5. Es entsteht ein Machtproblem: Dabei erlangen die wenigen großen Goldbesitzer komplette Macht über das weltweite Geld und die davon abhängige Menschheit – eine Golddiktatur mit Goldknute. – Es obliegt einer winzigen Minderheit, ob die Wirtschaft funktioniert oder nicht.

Falsch verstandene Funktion des Geldes

Die hohe Meinung von einem Goldgeld in der Bevölkerung beruht auf einer völlig falschen Vorstellung von der Funktion des Geldes. Viele Leute meinen, Geld an sich müsse einen stofflichen Wert haben, übersehen jedoch, dass die dem Geld gegenüberstehenden Waren die einzig wirkliche Deckung sind.

Geld ist ein Gutschein, der den Erwerb von beliebigen Waren und/oder Dienstleistungen ermöglichen soll. Im Endeffekt geht es in jeder Wirtschaft nur darum, dass Waren und Dienstleistungen gegeneinander ausgetauscht werden – Geld ist also nichts weiter als ein Tauschvermittler. Wenn dieser Gutschein jedoch einen Eigenwert besitzt, dann wird er um seiner selbst willen gehortet und erfüllt nicht mehr seine eigentliche Aufgabe als Tauschvermittler. Oder glauben Sie, ein Kaufhaus-Gutschein aus Gold würde tatsächlich seinen Zweck erfüllen und Käufe der Kunden fördern?

Gold ist kein absoluter Wert

In der weiteren Diskussion verweisen die Befürworter einer Goldwährung immer gerne darauf,»dass Papiergeld keinen Wert« habe. Übersehen wird dabei, dass es absolute Werte gar nicht gibt. Auch Gold kann wertlos werden: Ein Verdurstender in der Wüste würde beispielsweise ein Glas Wasser einem Goldbarren vorziehen – ja, er würde alles Gold der Welt für das »wertlose« Glas Wasser geben!

Gefährliche Diskussion um Goldgeld

Die falschen Vorstellungen vom Gold setzen sich auch beim Thema Geldanlage fort: Der größte Fehler dabei ist, die Diskussion über Gold als persönliche Geldanlage mit einer Goldwährung zu vermischen – beides hat miteinander nichts zu tun! Während eine teilweise Anlage in Gold durchaus sinnvoll ist, um sich gegen verschiedene Möglichkeiten einer Währungskrise zu schützen, ist eine Goldwährung eine Katastrophe und treibt die Länder direkt in eine Gold-Diktatur, in der nur eine Minderheit der Gold-Oligopole die Macht ausübt und über die Goldmenge die Wirtschaft manipulieren kann.

Die Diskussion um Goldgeld ist deshalb sehr gefährlich. Damit werden uninformierte Menschen mit psychologischen Mitteln gefangen, und eine echte Problemlösung durch eine grundlegende Geldreform wird verhindert. Es ist deshalb sehr wichtig, die Bevölkerung umfassend über die Bestrebungen interessierter Kreise aufzuklären, die an der Einführung einer Goldwährung (zum eigenen Nutzen!) arbeiten.

Ein Goldstandard bedroht vor allem die privaten Goldbesitzer

Doch selbst privater Goldbesitz bietet keineswegs einen Vorteil, falls eine Goldwährung eingeführt werden sollte. Ein Goldstandard lässt sich nämlich nur dann halten, wenn privater Goldbesitz und Goldhandel gleichzeitig verboten werden. Anderenfalls würde es viel zu große Schwankungen der verfügbaren Goldmenge geben. So war es schon zur Zeit des letzten Goldstandards, dem Bretton-Woods-System, unter dem in den USA privater Goldbesitz bei hohen Haftstrafen bis in die 1970er Jahre verboten war. Damals musste sämtliches private Gold an den Staat abgeliefert werden – gegen eine lächerlich geringe Entschädigung, versteht sich. Zu glauben, als Goldbesitzer könne man bei einem neuen Goldstandard schnell reich werden, würde sich als trügerisch erweisen, wenn man gezwungen wäre, diesen – wie damals in den USA – zu niedrigsten Preisen zu verkaufen. Wer nach einem Goldbesitzverbot noch Gold besitzt, macht sich nämlich strafbar und kann das Gold somit gar nicht nutzen, weil er sonst Gefahr läuft, erwischt zu werden und ins Gefängnis zu kommen.

In diesem Zusammenhang stellt sich die Frage, wie der Einzelne sich gegen die Euro-Bedrohung wappnen sollte.

Quelle: Manfred Wenzel, Köln

Karikatur 7

MASSNAHMEN GEGEN DIE ENTWERTUNG DES EIGENEN VERMÖGENS

Zuerst einmal sollte sich jeder Einzelne darüber klar werden, was überhaupt passieren kann. An dieser Stelle soll der Schwerpunkt der Betrachtung auf den Euro gelegt werden. Das heißt, wir wollen Maßnahmen, wie man eine allgemeine kommende Wirtschaftskrise am besten überstehen kann erst einmal außer Acht lassen (davon handelt ein anderes Buch des Autors: *Geldcrash – Der Krisenwegweiser. So retten Sie Ihr Vermögen*). Wie in dem Kapitel »Drei Szenarien für den Weg des Euros in den Untergang« dargelegt, gibt es mehrere Möglichkeiten, sein Kapital zu schützen. Zuerst sollte man sich einmal darüber klar werden, was eigentlich Geld ist und welche Funktion es hat.

Geld und Geldforderungen

Am Anfang aller Anlageformen steht das Bargeld. Bargeld ist gewissermaßen die Grundform der Geldanlage, auf der alle anderen aufbauen. Damit ist Cash von vornherein die liquideste Anlageform, die eine sofortige Nutzung ermöglicht. Doch ist es wichtig, sich über die entscheidenden Unterschiede zwischen Bargeld und Geldforderungen klar zu werden.

Die wenigsten Menschen machen sich bewusst, dass überhaupt ein Unterschied zwischen Geld und Geldforderungen besteht. Dabei ist es recht einfach: Geld kann man anfassen: die Scheine und Münzen, für die man im Laden Waren kaufen kann. Geldforderungen sind dagegen auf dem Papier oder im Computer verbuchte Guthaben und werden deshalb auch Buchgeld genannt. Unter Geldforderungen fallen demnach alle Anlageformen wie Anleihen, Schuldverschreibungen, Sparbuch, Kreditkarten und auch das Girokonto. Geld ist ein Dokument, welches die Kaufkraft verbrieft. Geldforderungen sind Versprechen des Geldinhabers, dieses wieder zurückzuzahlen. Wird dieses Versprechen gebrochen, so verliert die Geldforderung ihren Wert. Eine Anleihe eines bankrotten Staates beispielsweise ist genauso wertlos wie das Girokonto bei einer bankrotten Bank. Die für die Wirtschaft entscheidende Größe sind aber nicht die Zahlungsversprechen, sondern die verbrieften Rechte. Wichtig ist, dass Geldforderungen zwar den Zahlungsverkehr erleichtern, beispielsweise indem Beträge überwiesen werden können, statt umständlich transportiert zu werden, jedoch keinen Einfluss auf den Preisstand und damit auf die wirtschaftliche Entwicklung haben. In einer empirischen Untersuchung der Gesamthochschule Siegen wurde erkannt, dass nur das umlaufende Bargeldvolumen einen Einfluss auf die Preisentwicklung hat, sich jedoch keine Korrelation zum Sichtguthaben finden ließ.[205]

Bestandteile des Buchgeldes

Was ist überhaupt eine Geldforderung oder Buchgeld? Dieses scheinbare Geld besteht aus zwei Komponenten: einmal einem Guthaben und zum zweiten einem gleichgroßen Kredit. Durch Einzahlungen von Bargeld bei einer Bank, das von dieser weiterverliehen wird, entstehen gebuchte Durchlaufposten, das Buchgeld. Der gleiche Geldschein kann nun, nachdem die Bank die Banknote an einen Kreditnehmer verliehen hat, mehrmals im Geldkreislauf bei einem Bank- oder Kreditinstitut gebucht werden, womit die Beträge des Buchgeldes immer größer werden und das zugrunde liegende Bargeld bei Weitem übersteigen. Dabei besteht jedoch keineswegs eine Korrelation zwischen dem Anstieg des Buchgeldvolumens und dem Preisniveau, wie dies bei einer Vermehrung der umlaufenden Bargeldmenge der Fall wäre. Dies liegt ganz einfach daran, dass die Beträge von Buch-Guthaben und Buch-Krediten immer gleich groß sind und einander neutralisieren, also null ergeben. Es gibt also keine Finanzgröße, welche auf die Wirtschaftsentwicklung wirken könnte. In diesem Zusammenhang wird oft der Fehler gemacht, allein die Bestände von Buchgeld und Barem miteinander zu vergleichen, woraus geschlussfolgert wird, dass Bargeld heute unwichtig sei. Vergessen wird jedoch, dass jedes

---

[205] Prof. Dr. Artur Woll, Beschäftigung, Geld und Preisniveaustabilität – Empirische Untersuchung zum Inflationsproblem, Land Nordrhein-Westfalen, 1977.

Giral- oder Buchgeld immer eine Forderung auf Bargeld darstellt und früher oder später auch wieder in dieses zurückgetauscht wird. Auch kann das eingezahlte und gebuchte Geld nur von einer einzigen Person tatsächlich benutzt werden – entweder vom Einzahler oder von der Bank oder vom Kreditnehmer – es findet also keine Ausweitung der Kaufkraft statt. Der Behauptung aus Bankenkreisen, Bargeld sei heutzutage gegenüber Giral- oder Buchgeld unwichtig geworden, fehlt jede Grundlage. **Der klaren Unterscheidung zwischen Geld und Geldforderung kommt dabei vor allem in Krisensituationen eine entscheidende Bedeutung zu.**

Liquidität und richtige Währungen

Generell spielt in jeder Wirtschaftskrise der Liquiditätsaspekt, also die schnelle Verfügbarkeit des Vermögens, eine entscheidende Rolle. Viele Geldforderungen, also Versprechen der Banken, werden in solch einer Zeit unsicher oder lösen sich sogar auf. Dieser Liquiditätsaspekt wurde zum Beispiel während der russischen Finanzkrise im Sommer 1998 deutlich: Innerhalb kurzer Zeit wurden die Bankkonten der Anleger in Russland gesperrt, um die Bankenliquidität nicht zu gefährden. Obwohl die Kunden also einen berechtigten Anspruch auf die Auszahlung von Dollar oder D-Mark hatten, war diese nicht möglich. In der Folge wurden die Bankautomaten gestürmt. Die Bargeldmenge, welche mittels Karte entnommen wurde, stieg auf das 150-Fache des üblichen Volumens. Bereits nach kurzer Zeit wurden jedoch auch die Automaten für die Geldausgabe gesperrt.[206] Im weiteren Verlauf verschwand jedes Bargeld, auch der Rubel, vom Markt.[207]

Aus diesen Erkenntnissen lässt sich die Schlussfolgerung ziehen, dass es in einer Wirtschaftskrise wichtig ist, sein Vermögen möglichst liquide, also schnell verfügbar, zu halten. Angesichts des Euro-Problems kommt noch hinzu, dass das Geld auch in den richtigen Währungen angelegt sein muss.

---

[206] *Die Welt*, 24.8.1998.
[207] *Frankfurter Allgemeine Zeitung*, 11.9.1998.

Da man von einer weltweiten Wirtschaftskrise ausgehen muss, **verbietet sich in jedem Fall der US-Dollar**, weil dieser massiv überbewertet ist und früher oder später entsprechend abzustürzen droht. Dieser Absturz wird so schnell und plötzlich erfolgen, dass gar keine Zeit mehr bleibt, sein Vermögen in eine andere Währung zu übertragen. Genauso sind alle Länder zu meiden, welche feste Wechselkurse zum US-Dollar haben, da diese dann ebenfalls abstürzen werden. Überhaupt sollten Staaten mit Festkurssystemen gemieden werden, weil solche Wechselkursregelungen immer einer Zeitbombe gleichen und früher oder später durch die entstehenden Ungleichgewichte zusammenbrechen müssen.

Auch eine weitere Weltwährung, der **japanische Yen, ist sehr kritisch zu betrachten**. Japan befindet sich heute in einer sich immer weiter verschärfenden Schuldenkrise. Wenn nun im Zuge einer weltweiten Krise die Zinsen steigen und die Schulden dort unbezahlbar werden, kann sehr schnell auch die Währungsstabilität darunter leiden.

Ratsam ist es in jedem Fall, teilweise auf eine andere stabile Währung auszuweichen. Wenn unter wirtschaftlichen Schwierigkeiten der Dollar verfällt und der Euro zerfällt, dann ist zu erwarten, dass der **Schweizer Franken als eine der letzten stabileren Währungen** enorm an Wert gewinnt. Dies gilt vor allem, weil die Schweiz ein kleines Land mit einem relativ geringen Volumen an Franken ist. Das heißt, wenn die Nachfrage nach dieser Währung stark ansteigt, muss der Kurs geradezu explodieren. Darüber hinaus war der Franken auch in der Vergangenheit in jeder Krise und jedem Krieg eine gute Investition, da der Kurs gegenüber anderen Währungen jeweils anstieg. Abbildung 14 zeigt den Zusammenhang: Dargestellt ist jeweils der Wechselkurs zum englischen Pfund, zum US-Dollar und zur Reichsmark, wobei eine sinkende Kurve hier einen steigenden Franken-Kurs bedeutet. Bemerkenswert ist vor allem, dass der Schweizer Franken in der Zeit während und nach dem Ersten Weltkrieg und in der Weltwirtschaftskrise von 1929 bis 1939 gegenüber der amerikanischen und englischen Währung deutliche Gewinn verzeichnete. Der Schweizer Franken stellt damit eine Fluchtwährung dar, die von weltweiten Krisenzuständen profitierte. In der zu erwartenden Euro-Krise ist eine noch deutlichere Entwicklung abzusehen.

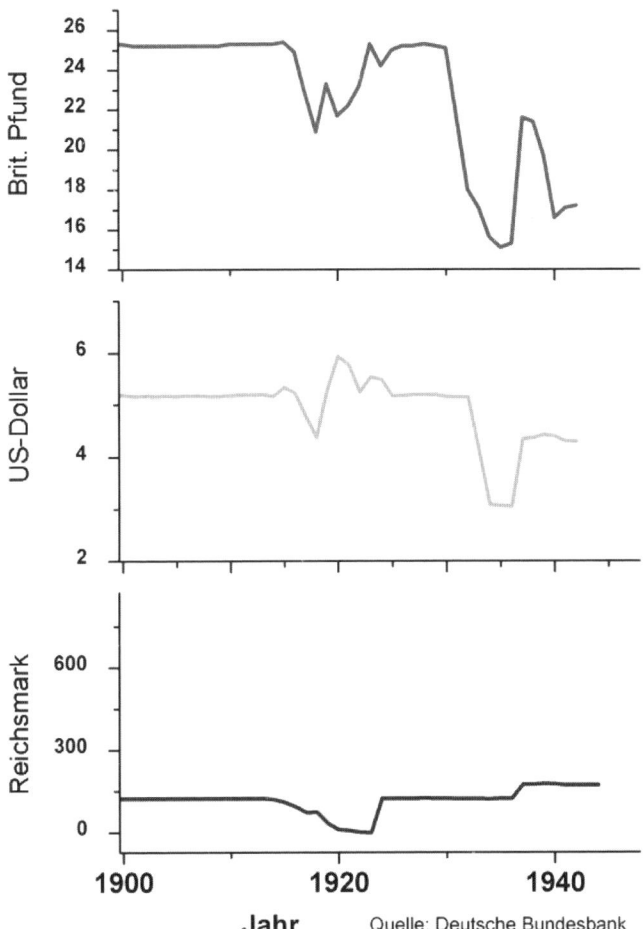

Abb. 14: Kursentwicklung des Schweizer Frankens (fallende Kurve bedeutet einen steigenden Franken-Kurs)

➤ Investitionen in den US-Dollar sind gefährlich
➤ Japanischen Yen meiden
➤ Staaten mit festen Wechselkursen meiden
➤ Schweizer Franken ist die letzte stabile Währung

*»Wer seine Augen nicht braucht, um zu sehen,
der wird sie brauchen, um zu weinen.«*

Jean Paul

Private Absicherung

Was ist zu tun?

Das wichtigste ist, Schulden heute möglichst zu vermeiden, weil Sie sonst in einer Krisensituation mit einer deflationären Aufwertung der Kredite, steigenden Zinsen und rabiaten Forderungen der Banken konfrontiert werden könnten. Dies gilt insbesondere bei der Euro-Währung, weil hier Krisenzustände und damit steigende Risikoaufschläge zusätzlich zum Zins beinahe unvermeidbar sein werden. Es ist falsch, anzunehmen, dass eine Inflation die Schulden entwerten würde, vielmehr ist in einer unsicheren Lage mit einer Deflation, also einer Schuldenaufwertung zu rechnen.

Es sollte wieder der Grundsatz unserer Großeltern gelten, dass man sich nur dann etwas leisten kann, wenn man vorher gespart hat. Verzichten Sie lieber einmal auf etwas, als durch Schulden in Abhängigkeit zu geraten und Ihre Sicherheit zu verspielen. Haben Sie schon laufende Kredite, dann hat die Tilgung derselben absoluten Vorrang vor allen anderen Geldentscheidungen. Achten Sie dabei auf eine möglichst langlaufende Zinsfestschreibung, um nicht durch steigende Zinsen unangenehm überrascht zu werden.

Haben Sie keine Schulden und etwas Erspartes, dann stellt sich die Frage nach der sicheren Geldanlage.

Was ist bei der Geldanlage wichtig?

In einer Euro-Krise nimmt die Unsicherheit auf dem Finanzmarkt enorm zu, da niemand mehr weiß, welche Geldanlagen überhaupt noch gegen

Bargeld einzulösen sind oder welche Unternehmen und Banken schon bankrott sind.

Dadurch ergibt sich ein Risikoaufschlag zusätzlich zum Zins, da der Geldverleiher sich das gestiegene Verlustrisiko vom Schuldner bezahlen lässt. Weil die Zinsen dann massiv steigen, hat dies teilweise verheerende Auswirkungen auf viele Geldanlageprodukte:

So stürzen beispielsweise **festverzinsliche Wertpapiere** im Kurs ab, und zwar um so deutlicher, je länger die Laufzeit ist. Außerdem fällt der Kurs auch durch die aufkommende Unsicherheit und den daraus folgenden Rückgang der Kaufnachfrage nach solchen Wertpapieren. Nach der Russlandkrise mussten beispielsweise die Besitzer russischer Staatsanleihen Kursverluste von bis zu 90 Prozent hinnehmen, weil keiner sie mehr kaufen wollte. Anleihen in Europa, speziell solche aus den schwachen Staaten, sind dabei besonders gefährdet, weil hier die Risikoaufschläge und damit der Kursverfall am größten sein werden. In der Konsequenz heißt das, dass man nur kurzlaufende Papiere von Schuldnern mit hoher Bonität kaufen sollte.

Gleichzeitig verfallen die **Aktienwerte** an der Börse, weil den Unternehmen der Boden unter den Füßen weggezogen wird und die aufkommende Unsicherheit zu Aktienverkäufen führt. Wieder sind von Einbrüchen und Umsatzrückgängen die Unternehmen aus schwachen Nationen in der EU am meisten betroffen. Sie sind deshalb ebenso zu meiden wie Unternehmen aus Branchen, die in einer Krise keine Rolle mehr spielen.

Mit den Anleihen und den Aktien verfallen auch die auf ihnen aufbauenden **Fondsanteile**. Es ist ein weitverbreiteter Irrtum, dass die Anlage in einem Aktienfonds sicherer sei als eine Direktinvestition in Aktien. Im Gegenteil: Die Fondsanlage ist unberechenbarer, da Sie weder über die konkreten Investitionen des Fondsmanagers informiert sind, noch auf dessen Handlungsweise Einfluss haben. Schnell sind solche Fonds dann am Ende und das Vermögen verloren, während Sie bei der Direktanlage selbst agieren können und auch die Kontrolle behalten.

Im Hinblick auf eine Euro-Krise ist es also wichtig, immer nur kurzfristig und vor allem in die richtigen Währungen (wie den genannten Schweizer Franken oder auch die Norwegische Krone) zu investieren. Das Geld muss ständig verfügbar sein. Was nutzt Ihnen eine hochrentable Geldanlage in der Krise, wenn Sie nicht beliebig darauf zugreifen können? In der Deflation geht Ihre Bank womöglich bankrott, und in Zeiten der Inflation ist Ihr Geld entwertet, bis Sie es in ein paar Jahren wieder erhalten.

Also heißt der Grundsatz: **Liquidität und Verfügbarkeit der Geldanlage gehen vor Rendite!** Das wiederum gilt insbesondere in Europa.

Dazu kommt ein weiterer, oft übersehener Aspekt: **Je höher die Rendite, um so höher auch das Risiko!** Viele Anleger sind heute Renditen von bis zu zehn Prozent gewohnt. Sorglos wird in Schwellenländer oder Technologiefonds investiert, immer mit Blick auf die hohe Rendite. Kaum jemand fragt, warum die Rendite überhaupt so hoch ist. Sie ist deshalb so hoch, weil zum Zins ein hoher Risikozuschlag kommt. Bei normaler Rendite würde gar niemand in solch riskanten Bereichen investieren, darum hat man es nötig, mit »Superrenditen« zu locken. Gerade in den letzten Jahren mussten dabei zunehmend Anleger erkennen, dass sie statt einer Superrendite oft einen Totalverlust machten. **Eine Verzinsung, die deutlich höher als normal ist, sollte deshalb zur Vorsicht mahnen.**

Beliebt wurden in letzter Zeit auch Auslandsanlagen, vor allem in Staaten mit Wechselkursanbindungen, weil hier ebenfalls hohe Renditen winkten. Allerdings hat man dabei weder Einfluss auf das jeweilige Land, noch kann der Normalbürger die dortigen Verhältnisse komplett durchschauen. Was ist, wenn beispielsweise die Türkei Bankrott anmeldet, dann entgegen den Vereinbarungen die Rückzahlung Ihrer türkischen Anleihen verzögert und am Ende gar nicht mehr zahlt? In einer weltweiten Schuldenkrise, wenn jedes Land nur noch an sich selbst denkt, sind solche Anlageformen die ersten, die »den Bach runter gehen«. Das bedeutet, dass eine Geldanlage auch geographisch immer erreichbar sein sollte. Was machen Sie, wenn aus der Türkei keine Überweisungen mehr möglich sind? Dann muss das Anlageland so nah sein, dass man es relativ einfach erreichen kann.

Nochmals die wichtigsten Regeln für die Geldanlage vor einer Krise:

> Keine Schulden machen!
> Kurzfristige Anlageformen wählen, die ständig verfügbar sind
> Keine riskanten, hochverzinsten Geldanlagen tätigen – je höher die Rendite, um so größer das Risiko
> Liquidität (= schnelle Verfügbarkeit) geht vor Rendite
> Das Geld muss sowohl zeitlich als auch geographisch immer zu erreichen sein

Wer viel Geld besitzt, kann mit einem Teil davon gewisse Risiken eingehen; als Kleinsparer sollten Sie allerdings mehr darauf achten, dass Ihr sauer Erspartes nicht verloren geht. Streuen Sie deshalb Ihr Geld, und investieren Sie beispielsweise in Geldmarktkonten, bei denen Sie täglich auf Ihr Erspartes zugreifen können. Am besten ist es, diese Konten bei verschiedenen Banken zu führen, um das Risiko zu streuen, dass ein Kreditinstitut zahlungsunfähig wird.

Weiter bieten sich vor allem Geldmarktfonds und Sparbücher an. Man könnte beispielsweise sein Vermögen auf mehrere Sparbücher zu je 1.500 Euro verteilen und hätte dann insofern ständig Zugriff auf die volle Summe, als pro Sparbuch 1.500 Euro pro Monat ohne Kündigung verfügbar sind. Bei Geldmarktfonds ist darauf zu achten, dass diese nur in kurzlaufende Rentenpapiere (Restlaufzeit kürzer als sechs Monate) investieren, andernfalls verliert man Vermögen durch die in einer Krise fallenden Kurse festverzinslicher Anleihen. Außerdem sollten die vom Fonds gehaltenen Anleihen nur von ausgezeichneten Schuldnern stammen. Auf die Rendite sollte man bei den Absicherungsmaßnahmen weniger schauen – sie ist zweitrangig gegenüber der Sicherheit der Anlage.

Nicht vergessen sollten Sie hierbei ein Fremdwährungskonto in Schweizer Franken, welches heute von vielen Banken angeboten wird. Dabei sollten für das Konto und für das Geldwechseln keine Gebühren anfallen. Ebenfalls sollte das Geld wieder täglich verfügbar sein. Die Verzinsung solcher Fremdwährungskonten ist relativ gering – doch geht es bei unserer Betrachtung nicht um eine möglichst hohe Rendite, sondern um eine

Absicherung gegen Euro-Krisen. Ein kräftiger Kursgewinn des Schweizer Frankens zum Euro kann dann sehr schnell für entgangene Zinsgewinne mehr als entschädigen.

Auch die teilweise Geldanlage in Gold, Silber sowie Bargeld (vor allem in Schweizer Franken) – zum Beispiel im versicherten Schließfach der Bank – kann sich im Crashfall als überaus vorteilhaft erweisen.

Der Erwerb von Immobilien oder Grundstücken lohnt sich indes nur, wenn Sie sich nicht verschulden müssen und diese auch selbst nutzen. Beim heutigen überspekulierten Preisniveau auf diesem Sektor lohnt sich eine vermietete Immobilie kaum. Bereits seit einigen Jahren steigen diese Werte nur noch minimal und werden in der Krise, wegen steigender Zwangsverkäufe überschuldeter Hausbesitzer, drastisch zu fallen beginnen. In der Weltwirtschaftskrise der dreißiger Jahre verfielen Immobilienwerte beispielsweise innerhalb weniger Jahre um nahezu 90 Prozent. Der Versuch, der Euro-Krise durch den Kauf von Sachwerten zu entgehen, ist aus diesem Grund weniger empfehlenswert.

Wer viel Geld besitzt, kann dieses sinnvollerweise in rentable, wenig gesicherte einerseits und wenig rentable, aber gesicherte Portfolios andererseits aufteilen.

Um den schlimmsten Fall abzusichern, empfiehlt es sich, einige tausend Euro in Schweizer Franken bar zu wechseln und mit einigen tausend Euro (jeweils in kleinen Scheinen) diebstahlsicher in einem versicherten Schließfach einer Bank (besser bei mehreren Banken) zu deponieren. Dieses Geld würde den Fall absichern, dass die Verfügbarkeit der Konten unter einer schweren Krise nicht mehr gesichert wäre, dass also plötzlich die Bankschalter und Geldautomaten geschlossen wären.

Geld anlegen:

➤ Geldmarktkonten, Geldmarktfonds, Sparbücher
➤ Fremdwährungskonto Schweizer Franken
➤ Bargeld im versicherten Schließfach in Euro/Schweizer Franken/Gold

ZUSAMMENFASSUNG UND AUSBLICK

»Habt Ihr die inneren Verhältnisse einer Handlung erforscht?
Wisst Ihr mit Bestimmtheit die Ursachen zu entwickeln, warum sie
geschah, warum sie geschehen musste?
Hättet Ihr das, Ihr würdet nicht so eilfertig mit
Euren Urteilen sein.«
Goethe

Als der Euro vor über zehn Jahren eingeführt wurde, hieß es von offizieller Seite, dass damit nun »glückliche« Zeiten anbrechen würden. Doch sieht man heute zurück, dann kam ein Desaster nach dem anderen.

Zuerst das Ärgernis mit dem »Teuro«, als Unternehmen die Preise nach der Euro-Bargeld-Einführung massiv anhoben und »großzügig« von der nationalen Währung in den Euro umstellten. Dann folgte der wirtschaftliche Einbruch in Deutschland, weil wir die niedrigen Zinssätze in den ehemaligen Schwachwährungsländern mit höheren Zinsen bei uns finanzieren mussten.

Noch schlimmer wird es nun in der Wirtschaftskrise, weil wiederum die ehemaligen »Schwachwährungsländer« in die Klemme kommen und – zusätzlich zu ihren ausufernden Handelsbilanzdefiziten – massive Zinsaufschläge auf ihre Anleihen akzeptieren müssen. Damit entstehen im Euro-Raum massive, steigende Spannungen, welche letztlich zum Zerfall der EU führen werden.

Man kann eben nicht ökonomisch völlig ungleiche Länder wie Deutschland und Griechenland in einen Währungstopf werfen und glauben, dass das Ergebnis besser wäre als die Situation der Einzelstaaten. Früher konnte jeder Staat eine angepasste Währungspolitik verfolgen, während mit dem Euro alles über einen unpassenden Kamm geschoren wird.

Vieles deutet heute darauf hin, dass der von der Mehrheit der Menschen in der EU abgelehnte Euro unter Zwang und Drohungen eingeführt wurde. Im deutsch-deutschen Einigungsprozess war wahrscheinlich die Unterschrift der Deutschen unter den Maastrichter Vertrag 1992 – und damit die Aufgabe der deutschen Währungssouveränität – eine Bedingung dafür, dass die alliierten Mächte der Wiedervereinigung zustimmten. Deshalb wurde auch weder eine Volksabstimmung über das ungeliebte Euro-Projekt durchgeführt, noch wurden Klagen gegen die Einheitswährung vor dem Bundesverfassungsgericht zugelassen. Dass aus solch einem undemokratischen Projekt keine Demokratie kommen kann, liegt auf der Hand.

Deshalb verwundert auch wenig, dass sich die EU mit dem Euro zunehmend zu einem undemokratischen Zentralstaat entwickelt, in dem die Bürger nichts mehr zu sagen haben.

Das Ende eines solchen Zwangsgebildes kann nur im Zerfall liegen, und dieser Zerfall wird Schäden anrichten, den ganze Generationen zu tragen haben. Für den Einzelnen bleibt nur die Möglichkeit, sich durch geeignete Investitionen auf solch einen Zusammenbruch vorzubereiten.

REGISTER